河北省社会科学基金项目（项目编号：HB19TJ002）

河北省高质量发展
评价研究

HEBEISHENG GAOZHILIANG FAZHAN PINGJIA YANJIU

刘政永　孙　娜　高雪会◎著

经济管理出版社
ECONOMY & MANAGEMENT PUBLISHING HOUSE

图书在版编目（CIP）数据

河北省高质量发展评价研究/刘政永，孙娜，高雪会著．—北京：经济管理出版社，
2023.6

ISBN 978-7-5096-9053-6

Ⅰ.①河…　Ⅱ.①刘…　②孙…　③高…　Ⅲ.①区域经济发展—研究—河北
Ⅳ.①F127.22

中国国家版本馆 CIP 数据核字（2023）第 099515 号

组稿编辑：张　艺
责任编辑：申桂萍
助理编辑：张　艺
责任印制：黄章平
责任校对：王淑卿

出版发行：经济管理出版社
　　　　　（北京市海淀区北蜂窝 8 号中雅大厦 A 座 11 层　100038）
网　　址：www. E-mp. com. cn
电　　话：（010）51915602
印　　刷：唐山玺诚印务有限公司
经　　销：新华书店
开　　本：720mm×1000mm/16
印　　张：11.25
字　　数：201 千字
版　　次：2023 年 6 月第 1 版　　2023 年 6 月第 1 次印刷
书　　号：ISBN 978-7-5096-9053-6
定　　价：68.00 元

目　录

第一章　导论

第一节　研究背景与研究意义

党的十九大指出，中国特色社会主义进入了新时代，经济已由高速增长阶段转向高质量发展阶段。在此背景下，河北省如何实现高质量发展成为破解发展难题和障碍的关键利器、根本路径。当前河北省处于"三期叠加"、转型升级、爬坡过坎的关键时期，科学、综合地评价河北省高质量发展水平和时空特征，有利于促进河北省经济社会持续健康发展，加快建设新时代经济强省、美丽河北。

为此，本书在科学界定高质量发展内涵的基础上，基于新发展理念，构建河北省高质量发展统计指标体系，并进行评价研究，分析河北省高质量发展水平和时空特征，找到制约河北省经济高质量发展的困境和问题，提出实现河北省高质量发展的路径和对策建议，具有重要的理论价值和应用价值。特别是在京津冀协同发展和河北雄安新区建设的背景下，如何推动河北省高质量发展至关重要。本书的研究丰富完善了区域高质量发展统计指标体系构建领域，不仅有利于河北省有效对接京津冀协同发展和河北雄安新区建设的国家战略，进一步明确未来经济发展方向，促进高质量发展；而且有利于支撑河北省宏观管理决策，转变河北省经济发展方式，为河北省高质量发展决策提供依据。

第二节 文献综述与评价

自党的十八大以来，我国各级政府采取一系列政策措施，加快构建现代产业体系，推动经济高质量发展。目前，研究主要集中在高质量发展内涵、统计指标体系构建、区域高质量发展实证分析。

一、高质量发展的内涵

科学界定高质量发展的内涵，对促进中国经济高质量发展十分重要。与高速增长相比，高质量发展有两点明显变化，即增长速度从高速转向中高速，发展方式从规模速度转向质量效率型。在此基础上进行综合考虑，有助于科学界定高质量发展的内涵。

1. 由高速变为高质量

经济增长的重心由追求高速度转向追求高质量和高效益。高速度和高质量在词义上并不冲突，理论上是可以同时拥有高速度和高质量的，但现实经验告诉我们，往往慢工才能出细活，速度和质量存在一定的冲突。高质量发展并非刻意不要求速度，而是要将关注重点放在质量和效益上，速度的快慢对经济工作的约束力有显著影响。

什么是高质量？既有文献提出了狭义和广义的经济发展质量观。狭义的经济发展质量观将经济发展质量理解为经济发展效率，指资源要素投入比例、经济增长效果或经济增长效率，即经济活动消耗和使用的要素投入与经济活动总成果之间的比较。如果在给定投入下产出越多，或达到一定产出所使用的投入越少，则表明经济增长效率越高，即经济增长质量越高（Solow，1956；Lucas，1988；Romer，1986；Romer，1990；Grossman 和 Helpman，1991）。部分国内学者也认为经济增长过程是由生产要素积累和资源利用效率改进共同作用的结果（王积业，2000），经济增长速度反映的是经济增长总量变动，而经济增长质量可理解为效率的同义语（刘亚建，2001）。广义的经济发展质量观内涵更加丰富，涵盖经济、社会、政治、文化、生态等多个方面。国际主流学者认为，经济增长质量是经济增长速度的补充，构成经济增长质量的关键性内容，包括机会的分配、环境的可持续性、全球风险管理及治理结构、腐败等方面（托马斯等，2001）；经济增长质量是相对经济增长速度的概念，是与经济增长数量紧密相关的社会、政治及宗教等方面的因素，具体包括人均收入、受教育水平、预期寿命、健康状况、法律和秩序发展的程度、收入不平等（Barro，2002）。国内部分学者认为，经济发展质量是社会有机体在发展过程中所体现的内生性、协调性、共生性和效能性的总和，高质量发展能有效协调社会政治、经济、文化等各个环节和各个层面，使人与自然和社会和谐相处，为社会发展带来良好的效益和效率功能（冷崇总，2008）；高质量发展包括经济发展的有效性、稳定性、协调性、分享性、创新性与持续性六个方面的内容（李俊霖，2007），或包括经济效益、经济结构、科技进步、环境保护、竞争能力与人民生活水平六个方面的内容（陈海梁，2006），又包括经济运行质量、居民生活质量及生存环境质量三个方面的内容（毛健，1995）。经济增长质量包括内在与外在两个特征，内在经济增长质量是指经济增长过程中的要素投入比例、经济增长效果及经济增长效益，外在经济增长质量是指经济增长的稳定性、协调性以及经济增长赖以生存的经济制度，二者相互交织，只有都处于较佳状态才能使国民经济健康有序发展（樊元和杨立勋，2002）。经济增长质量的理论内涵包括体现经济系统的投入产出效率、体现最终产品或服务的质量、体现环境和生存质量三个层次（赵英才等，2006）。

2. 由增长转为发展

理论上，经济增长和经济发展联系紧密但又具有明显差异。经济增长是经济发展的最重要部分，在实际效果上基本可以代表经济发展，经济发展的很多维度都要依靠经济增长的力量来得到改善和进步。然而，经济发展内涵较经济增长更丰富，经济增长并不一定能很好地实现政治、民生、生态等多个维度上的发展，在很多时候甚至产生一定的冲突，"有增长而无发展"的现实案例并不少见。1966年，Clower（1966）以"无发展的增长"为主题发表了他对利比亚经济研究的论著。联合国开发计划署发布的《1996年人类发展报告》中指出了五种有增长而无发展的情况，这类增长分别恶化了就业机会、未有效扩大公众参与和管理公共事务以及自由表达自己的意见、收入分配恶化、文化多样性遭破坏以及生态资源环境遭破坏而使发展不可持续。因而，由增长转为发展意味着我们将更加关注增长的目的，更加追求可以带来多维度改善进步的增长，更加重视增长之外的发展内容。

有关经济发展的内涵，理论文献大多持有更开放的态度。Singer（1965）在《社会发展：主要增长部门》中较早地提出了关于社会发展的概念，强调应更加重视社会发展的各个方面，包括教育、健康和营养等。Adelman 和 Moris（1967）在《社会、政治和经济发展：数量方法》中提出应从经济、社会和政治因素互动的角度理解发展。Seers（1969）在《发展的含义》中强调发展的目的是减少贫困、不平等和失业。联合国社会发展研究所在《社会经济发展的内涵和测度》中主张经济增长与社会变革的统一，并建立了16个核心要素构成的经济社会发展指标。Todaro（1977）在《第三世界的经济发展》中指出，发展不纯粹是一个经济现象，应该把发展看作包括整个经济和社会体制的重组和重整的多维过程。阿马蒂亚·森（2013）在更加广义的视角上认为，自由是发展的首要目的，也是促进发展的重要手段。发展就是扩展自由，包括经济机会的增加、政治自由的增多、社会条件的改善以及透明性担保和防护性保障的提高。价值和理性在扩展自由和实现发展上具有重要作用。

3. 高质量发展内涵界定

从高速增长转为高质量发展，意味着经济工作重心的转变，在侧重点上将由追求速度转向追求质量和效益，在范围上将由追求单维度的增长转向追求经济、政治、文化、社会、生态等更多维度的发展。

根据党的十九大报告和 2018 年中央经济工作会议精神，相关文献对高质量发展的内涵做了进一步解读阐述，使其不断丰富完善。任保平（2018a）、周振华（2018）等从经济发展有效性、充分性、协调性、创新性、分享性和稳定性等方面分析高质量发展。赵华林（2018）、任保平和李禹墨（2018a）强调高质量发展要突出质，是量质齐升，以质取胜的发展，是量与质相协调的发展。

高质量发展是新发展理念的内在要求。高质量发展的动力是创新，高质量发展的内在特征是协调，高质量发展的普遍形态是绿色，高质量发展的必由之路是开放，高质量发展的根本目的是共享。中国经济实现由大到强的关键是新发展理念引领高质量发展。

二、经济发展质量评价研究

随着近年来全球经济发展中出现的环境污染、气候变化、区域发展不平衡、收入差距过大等问题，对经济发展质量评价研究越来越多。

Barro（2002）从外部影响因素的视角对经济增长质量进行分析。这些外部影响因素体现了经济增长的目的是提升人们生活水平，包括环境条件、政治制度、生育率、预期寿命、收入公平性及宗教信仰等。温诺·托马斯（2001）也强调影响经济增长质量的因素包括环境可持续性、机会分配和全球风险管理等。

我国学者也从不同的角度和维度对中国经济增长质量进行了分析。钞小静和任保平（2011）从四个维度对中国经济增长质量进行分析，包括经济增长的稳定性、结构性、生态保护、收入分配。任保平等（2015）又增加经济增长效率、国民经济素质两个维度，共六个维度构建经济增长质量指数，并运用这一统计指标体系对中国 30 个省份经济增长质量进行分析。党的十八大报告提出五大发展理念后，詹新宇和崔培培（2016）依据"创新、协调、绿色、开放、共享"五大发展理念，构建经济增长质量统计指标体系，并对 2000～2014 年中国各省份经济增长质量运用主成分分析进行综合评价，分析各省经济增长质量综合指数。

三、高质量发展统计指标体系及评价研究

根据党的十九大报告和 2018 年中央经济工作会议精神，在界定高质量发展内涵的基础上，相关学者对高质量发展统计指标体系及评价做了一些研究。

1. 高质量发展统计指标体系构建的意义

科学构建高质量发展统计指标体系，既有利于促进高质量发展政策体系、考评机制构建，也有利于调动各级干部推动高质量发展的积极性和主动性。引导指导各地科学推动高质量发展，有必要加快完善高质量发展评价指标体系的顶层设计。

2. 高质量发展统计指标体系构建

潘建成（2017）构建基于创新及经济增长新动能、效率、产品质量、资源利用率四个维度的高质量发展统计指标体系，改变过去唯 GDP 论观念，树立正确的政绩观。任保平等（2018）基于强度、稳定性、合理化、外向性等经济增长基本面与人力资本和生态资本等社会成果两个维度，构建经济高质量发展评价指标，对 1992～2016 年中国省际经济增长质量进行测算分析。程红（2018）从劳动生产率、全要素生产率、经济社会协调发展、人与自然协调发展四个维度衡量高质量发展。

3. 高质量发展统计指标体系构建存在的问题

在构建高质量发展统计指标体系方面存在一些问题：第一，存在范围不同、标准不一、指标各异的问题，评价指标体系缺乏顶层设计。第二，存在"四多四少"问题，现有指标体系不能体现高质量。"四多四少"是指反映高质量发展的指标数量多、质量少；总量多，人均少；传统指标多，新指标少；

可量化的多，不可量化的少。第三，存在主观指标不可计量，无法准确反映高质量发展水平。第四，存在一些指标数据的测算歧异较大的问题。全要素生产率作为高质量发展的核心指标，没有统一的测算方法和标准，可比性不强。

四、相关研究述评

通过上述文献分析，我们可以看出目前学术界对经济发展质量评价的研究不多，对高质量发展统计指标体系构建和评价研究更少，主要存在以下三个方面需要完善的地方：①需要进一步科学界定高质量发展内涵。学术界对高质量发展内涵把握不准，构建评价指标体系就相对较难。②需要进一步完善高质量发展统计指标体系。相关文献都认为高质量发展具有重要意义，但如何构建高质量发展统计指标体系的研究较少，特别是基于五大发展理念的高质量发展统计指标体系更少。③亟须拓展省域高质量发展统计指标体系构建和评价研究。高质量发展统计指标体系构建及评价研究主要集中在国家层面，省域方面的研究很少，特别是河北省在这方面的研究亟须拓展。因此，这些需要完善的方面，为本书研究的开展提供了拓展空间。

第三节 研究思路与方法

一、研究思路

本书的基本研究思路是在我国经济已经由高速增长阶段转向高质量发展阶段背景下，如何实现高质量发展成为河北省破解发展难题和障碍的关键利器、根本路径。本书共分为六章内容，具体如下：

第一章导论。首先阐述研究背景与研究意义，其次系统梳理国内外高质量发展内涵、经济发展质量评价研究、高质量发展统计指标体系及评价研究等方面的相关文献并进行述评，最后提出本书的研究思路与方法。

第二章高质量发展的理论渊源与内涵特征。首先，从"质"与"量"的辩证关系、科学把握高质量发展公平与效率、市场与政府两大关系；其次，分析高质量发展与马克思主义政治经济学、熊彼特创新理论、罗斯托经济发展阶段论、钱纳里产业升级理论的理论渊源，并从新发展理念分析高质量发展五大目标；最后，在分析高质量发展内涵的基础上，结合新发展理念提炼高质量发展的五大特征。

第三章河北省高质量发展评价指标体系。基于新发展理念，结合理论基础、影响作用及构建指标体系原则等构建河北省高质量发展创新发展、协调发展、绿色发展、开放发展、共享发展五个维度的评价指标体系。

第四章河北省高质量发展统计分析。以河北省唐山、石家庄、保定作为研究对象，运用统计分析方法对这些地区高质量发展的创新发展、协调发展、绿色发展、开放发展与共享发展五个方面进行统计分析，分析这些地区的现状与不足。

第五章河北省高质量发展综合评价分析。首先结合基于新发展理念的高质量发展五个方面的评价指标体系，构建河北省高质量发展综合评价指标体系；其次利用熵值法确定指标权重，构建集对分析综合评价模型对河北省11个地级市的高质量发展进行综合评价；最后对河北省高质量发展综合评价结果进行静态、动态及空间分析，以期为河北省推进高质量发展提供参考依据。

第六章河北省高质量发展面临的机遇、挑战与政策建议。根据河北省高质量发展面临的机遇与挑战，结合质量变革、效率变革和动力变革三个方面动力与路径入手，从新发展理念五个方面提出实现河北省高质量发展的政策建议。

二、研究方法

本书具体的研究方法如下：

（1）文献分析法。本书系统梳理国内外高质量发展内涵、经济发展质量评价研究、高质量发展统计指标体系及评价研究等方面的相关文献，为研究打下坚实基础。

（2）图表分析法。本书以河北省唐山市、石家庄市、保定市作为研究对象，运用统计分析方法对这些地区高质量发展的创新发展、协调发展、绿色发展、开放发展与共享发展五个方面进行图表分析，分析其现状与不足。

（3）熵值法。本书选取客观赋值法中的熵值法来确定各评价指标权重。根据河北省高质量发展综合评价指标体系中各指标的变异程度，利用信息熵计算出各指标的熵权，再通过熵权对各指标的权重进行修正，从而得出较为客观的指标权重，指标熵值的大小与相对应指标的变异程度、信息含量以及权重值呈反比例变动关系。

（4）集对分析法。集对分析是我国数学家赵克勤于 1989 年提出的用于处理系统确定性与不确定性相互作用的一种数学理论和模型。根据集对分析的基本原理，当集对模型中评价集与最优方案集相对贴近度较高时，则表明评价对象越贴近优。本书根据集对分析理论构建了河北省高质量发展综合评价模型。

（5）时空对比分析法。在时间上，本书对 2016~2020 年河北省高质量发展综合评价得分情况进行了比较分析；在空间上，本书利用 Moran's I 指数对河北省不同地市和年份的高质量发展综合评价得分区域差异进行了研究。

第二章　高质量发展的理论渊源与内涵特征

新的发展时代，我国经济发展的基本特征由高速增长阶段转向高质量发展阶段。习近平总书记在党的十九届五中会上强调，推动高质量发展，是保持经济社会持续健康发展的必然要求，是适应我国社会主要矛盾变化和全面建设社会主义现代化国家的必然要求。按照中央部署，各地在指导实践的过程中，科学把握高质量发展的核心内涵是其重中之重。当前对高质量发展的研究，不同的专家有不同的解释，但缺乏系统的理论探索，需要确定高质量发展的内涵、特征与标准等方面。基于此，本书从经济学的角度出发，对经济高质量发展进行系统分析。

第一节　科学把握高质量发展关系

一、"质"与"量"的辩证关系

在哲学语境下，"质"与"量"都是事物的内在属性。质表明一个事物区别于其他事物的规定性，事物的多样性就是事物间质的差别的体现；量是事物存在和发展的规模、程度和速度等，可以用数值表示。在自然界和社会形态中，量变与质变是客观事物的两种运动形式，量变是渐变，是事物在数量上的增加或减少，质变是突变，是量变的结果，更是事物在量变的基础上由一种形态转化成另一种形态的过程，事物的变化总是从量变开始，量变积累到一定程度就会引起质的变化，新的质又会循环往复。因此事物的"质"与"量"是相伴相生，对立统一的关系。

1. 质与量的对立性

在哲学中，质量并不是作为一个统一的概念出现，质是事物的固有质，通过事物的属性来表现，与事物相统一，同一种事物，无论量的大小都具有共同的质，所以说质是一种事物区别于另一种事物的标志和属性。事物可以用数值标识，量与事物并不统一，同一种事物可以有不同的量，不同的事物也可以有相同的量。在现实生活中，最直观的表现就是产品和服务的质与量，如果想提高产品和服务的质，就必须投入更多的人力、物力与财力，在相同的生产条件、工艺流程和水平下，势必会减少单位时间内产品和服务的量。

2. 质与量的统一性

从哲学视角来看，质与量具有统一性，质表明了事物的属性，量体现了事物的规模，事物必须由质和量共同界定，二者缺一不可。从质变与量变的关系来看，正如一个受到合外力为零的物体其运动状态不变，保持静止或匀速直线运动一样，无论量变还是质变都是事物运动状态的变化、是受到外界因素作用的结果。按照马克思主义哲学的观点，事物内部的矛盾和斗争正是质变与量变的共同根源，质变是量变积累到一定的结果，但量变中也伴随着部分质变的发生。在现实生活中，从最直观的产品、服务的质和量来看，在某些方面也具有统一性，如提高原材料和半成品的质量可以减少废品率，增加合格产成品数量；采用先进的工艺和现代化设备，不但可以提高产品的质量，还可以极大地提高工作效率，增加产品产量。又如，在企业会计核算领域引入了现代化信息手段，改变了原有传统的手工记账模式，不但提高了会计信息质量，还节省了人工、提高了工作效率等，现实生活中这样的例子不胜枚举。

社会经济高质量发展必须要建立在经济的质与量的高度协调上，既要有经济质的提高，也要有经济量的增长；既要保持平稳健康发展的速度，也要有科学合理的经济效益；既要有创新引领、协同发展的产业体系，也要有有效开放、竞争有序的市场体系；既要有体现效率、促进公平的收入分配体系，也要有彰显优势、协调联动的城乡区域发展体系；既要有资源节约、环境友好的绿色发展体系，也要有多元平衡、安全高效的全面开放体系。通过解放和发展生产力，完善符合生产力发展要求的生产关系，能够最大限度地释放生产力发展的活力与动力。

二、高质量发展需要把握的两大关系

1. 公平与效率的关系

处理好效率与公平的关系，是构建社会主义高质量发展的核心问题。要建设体现效率、促进公平的收入分配体系，实现收入分配合理、社会公平正义、全体人民共同富裕，推进基本公共服务均等化，逐步缩小收入分配差距。

社会主义市场经济条件下，效率与公平具有一致性。一方面，效率是公平的物质前提，保持经济持续健康发展，才能为增加城乡居民收入、完善社会保障提供物质基础；另一方面，公平是提高经济效率的保证，只有不断增加居民收入，健全再分配调节机制，才能充分调动生产者的积极性，维护社会和谐稳定，促进经济社会协调健康发展。效率与公平也存在矛盾，尤其是在收入分配环节，效率优先还是公平优先一直是争论的焦点。在社会主义市场经济条件下，初次分配与再分配都要兼顾效率与公平。处理公平与效率的关系，应以历史的观点看待和分析问题。在社会发展初期，生产力发展水平较低，产品供给能力不足；劳动力供给充分，资本要素稀缺。这一阶段的主要任务是通过资本积累带动劳动力就业，提高产品供给。因此，在公平与效率的权衡上通常会更加重视效率。进入中等收入阶段以后，产品供给能力提升，收入分配出现差距，制约消费需求的增长势必影响社会稳定，在公平与效率的权衡上通常会更加重视公平。党的十八大报告指出，"初次分配和再分配都要兼顾效率和公平，再分配更加注重公平"。这就为深化收入分配制度改革指明了方向。

在社会分配环节，对于公平和效率的权衡，我国也有一个逐步认识的过程。党的十一届三中全会提出，"必须认真执行按劳分配的社会主义原则""要允许一部分地区、一部分企业、一部分工人农民，由于辛勤努力成绩大而收入先多一些，生活先好起来"。党的十二届三中全会提出，"要让一部分地区和一部分人通过诚实劳动和合法经营先富起来，然后带动更多的人走向共同富裕"。党的十三大提出，"社会主义初级阶段的分配方式不可能是单一的。我们必须坚持的原则是，以按劳分配为主体，其他分配方式为补充"。党的十四届三中全会提出，"个人收入分配要坚持以按劳分配为主体、多种分配方式并存的制度""允许属于个人的资本等生产要素参与收益分配"。党的十五大强调，"坚持效率优先、兼顾公平""把按劳分配和按生产要素分配结合起来""允许和鼓励资本、技术等生产要素参与收益分配"。党的十六大提出，"确立劳动、资本、技术和管理等生产要素按贡献参与分配的原则、完善按劳分配为主体、多种分配方式并存的分配制度"。党的十六届六中全会进一步明确，"在经济发展的基础上，更加注重社会公平，着力提高低收入者收入水平，逐步扩大中等收入者比重，有效调节过高收入，坚决取缔非法收入，促进共同富裕"。党的十七大提出，"初次分配和再分配都要处理好效率和公平的关系，再分配更加注重公平。逐步提高居民收入在国民收入分配中的比重，提高劳动报酬在初次分配中的比重"。党的十八大提出，"必须坚持走共同富裕道路""着力解决收入分配差距较大问题""努力实现居民收入增长和经济发展同步、劳动报酬增长和劳动生产率提高同步""完善劳动、资本、技术、管理等要素按贡献参与分配的初次分配机制，加快健全以税收、社会保障、转移支付为主要手段的再分配调节机制"。党的十九大提出，"坚持在发展中保障和改善民生""保证全体人民在共建共享发展中有更多获得感，不断促进人的全面发展、全体人民共同富裕""坚持按劳分配原则，完善按要素分配的体制机制，促进收入分配更合理、更有序""履行好政府再分配调节职能，加快推进基本公共服务均等化，缩小收入分配差距"。党的二十大指出，"分配制度是促进共同富裕的基础性制度""坚持按劳分配为主体、多种分配方式并存，构建初次分配、再分配、第三次分配协调配套的制度体系"。

建设体现效率、促进公平的收入分配体系是适应当前我国发展形势的必然要求，核心是坚持按劳分配原则，完善按要素分配的体制机制，履行好政府再分配调节职能，促进收入分配更合理、更有序。一方面要建立公平合理的收入分配制度，另一方面要建立更加有效的收入持续增长机制。党的十九大提出建设体现效率、促进公平的收入分配体系是全面建成小康社会、全面建设社会主义现代化国家的必然要求，也是质量变革、效率变革、动力变革的迫切需要，更是维护社会公平正义及和谐稳定的根本举措。优化收入分配格局，是坚持以人民为中心的具体体现，只有解决好收入分配问题，保证全体人民在共建共享发展中有更多获得感，不断增进民生福祉，在发展中补齐民生短板、促进社会公平正义，才能确保国家长治久安、人民安居乐业。

2. 市场与政府的关系

社会主义市场经济体制是现代化经济体系的制度基础，构建高质量的现代经济体系，从经济体制上看必须要保障市场机制有效、微观主体有活力、宏观调控有度。在此基础上，正确处理市场与政府的关系问题，是经济高质量发展的必然因素。经济体制是一个国家关于资源占有方式和资源配置方式，组织生产、流通和分配的一整套制度体系，是制定和执行经济决策的各种机制的总和，是国家经济的组织形式。充分发挥市场作用、更好发挥政府作用的经济体制，指的是凡是市场机制能够发挥决定性作用的领域，都要坚持在市场机制下由市场微观经济主体按照自身利益最大化的目标来配置资源，减少政府对资源的直接配置，推动资源配置依据市场规则、价格、竞争实现效益最大化和效率最优化。一方面，市场是市场经济运行和活动的重要调节者。由微观市场主体直接依据市场机制进行资源配置，资本、土地、劳动、技术等生产要素都要进入市场，而不再留在政府调节系统，把资源优化配置的主要权力交给市场和微观经济主体，由市场竞争决定供求和价格。另一方面，更好发挥政府作用既不是让政府完全退出、无所作为，也不是像计划经济时期那般，让政府取代市场、过度干预，而是在保持宏观经济稳定、加强和优化公共服务、保障公平竞争、加强市场监管、维护市场秩序、推动可持续发展、促进共同富裕、弥补市场失灵等方面发挥积极作用。

从我国建立社会主义市场经济来看，党的十四大确立建立社会主义市场经济体制，在30多年时间里，我国对市场与政府关系的认识不断深化，一方面基本确立了市场在资源配置中的决定性作用，另一方面政府宏观调控的手段也日益完善。但是，当前我国经济还存在着市场化不足与过度市场化，政府管得过多与管得不够的矛盾，市场与政府的关系还没有完全理顺。我国法制体系和信用体系建设滞后于市场经济实践发展，导致一些经济主体的行为短期化、无序化，既不利于提高资源配置效率，也损害社会公平。除此之外，仍然存在不同程度的保护主义和市场分割，企业在地区之间、行业之间投资和转移不够顺畅，从而使部分领域企业竞争得不够充分，形成了不合理的行业间利润率差别和收入差别。此外，部分领域仍残留着一些传统计划经济时代的惯性。政府在某些领域中仍然存在"越位"的问题，对本应属于企业自主决策的事项、市场机制能够有效调节的事项、社会中介组织可以自律的事项进行的直接干预仍不少。部分领域还存在一些政府该管而没有管或没有管好的问题，导致一些领域出现公共物品和公共服务供给不足、市场秩序监管不到位等问题。因此，推动高质量发展，迫切需要深化经济体制改革。

党的十九大报告强调"加快完善社会主义市场经济体制"，并指出"经济体制改革必须以完善产权制度和要素市场化配置为重点，实现产权有效激励、要素自由流动、价格反应灵活、竞争公平有序、企业优胜劣汰"。这些重要论述，进一步深化了"使市场在资源配置中起决定性作用和更好发挥政府作用"的认识，坚定了社会主义市场经济改革方向，明确了加快完善社会主义市场经济体制的重点任务，既是习近平新时代中国特色社会主义思想在经济体制改革领域的具体体现，也是我国坚持高质量发展的基本遵循。

第二节　高质量发展理论渊源与理念

一、高质量发展理论渊源

马克思主义政治经济学和西方经济学为我国提出经济高质量发展提供了深刻的理论启示和支撑。经济高质量发展是供给体系质量高、投入产出效率高和发展稳定性高的有机统一。经济转向高质量发展意味着经济工作重心的转变，在侧重点上将由追求速度转向追求质量和效益，在范围上将由追求单维度的增长转向追求经济、政治、文化、社会、生态等更多维度的发展。推动经济高质量发展的基本路径在于质量变革、效率变革、动力变革，提高全要素生产率，核心动力在于科技创新。

党的十九大报告指出，我国经济已由高速增长阶段转向高质量发展阶段。自此，"高质量发展"作为政策概念或术语被热烈讨论。从理论渊源来看，"高质量发展"与经济增长、经济发展、发展质量、发展阶段等概念息息相关，也与马克思主义政治经济学、熊彼特创新理论、罗斯托经济增长阶段论、钱纳里产业升级理论等有着深刻联系。

1. 马克思主义政治经济学

马克思主义政治经济学对质量问题进行了多方面的论述。这些论述很早就注意到微观质量和宏观经济发展质量的重要性，还区分了粗放和集约发展模式，为当前我国转向高质量发展阶段提供了深刻的理论启示。

在微观方面，马克思主要运用劳动价值理论分析了产品质量与使用价值、价值之间的关系。例如，区分简单劳动和复杂劳动，也就区分了不同劳动质量，不同的劳动质量会影响到产品质量。产品质量决定着社会必要劳动时间的凝结量，而社会必要劳动时间的凝结量又直接影响着产品价值量的高低。同时，产品的使用价值可以通过产品质量的提高而提高。此外，马克思还深刻认识到质量在市场竞争中的重要性，如果质量差，就会在市场竞争中处于不利地位。

在宏观方面，马克思主要研究了生产过程的质量循环链和经济增长质量等问题。马克思政治经济学认为社会再生产是数量再生产循环和质量再生产循环的有机统一体，这个有机统一体社会再生产既是数量的再生产，也是质量的再生产，生产过程应关注质量。对于经济增长质量，马克思也颇有洞见。马克思把扩大再生产分为两种类型：外延扩大再生产和内涵扩大再生产。外延扩大再生产是指通过增加要素投入来扩大生产规模的方式以实现的扩大再生产，其关键是扩大生产要素的投入数量；内涵扩大再生产是指通过提高生产要素的使用效率来实现的扩大再生产，其关键是通过技术进步和创新作用的发挥，从而提高要素的使用效率。在地租理论中，马克思提出了粗放经营和集约经营两种经济增长方式，粗放型经济增长方式是通过要素数量的投入增加，从而推动规模扩张来实现经济增长，这属于数量速度型增长。而集约型经济增长方式依赖于生产要素的质量和使用效率的提高来实现，在技术进步条件下，实现生产要素组合方式的优化，同时通过提高劳动者素质及提高资金、设备、原材料的利用率而实现经济增长。由此可见，集约型经济增长以提高经济增长的质量和经济效益为核心。这些论述既为后来的粗放发展和集约发展模式提供了深刻启发，也为我国当前的高质量发展提供了坚实的理论支撑。

2. 熊彼特创新理论

熊彼特的突出贡献之一就是创新理论。他认为，所谓创新就是要"建立一种新的生产函数"，把一种从来没有的关于生产要素和生产条件的"新组合"引进生产体系中去，以实现对生产要素或生产条件的"新组合"，也就是"生产要素的重新组合"。实施创新的主体就是企业家，他们不断通过"新组合"来获得潜在的利润，最大限度地获取超额利润。熊彼特认为，所谓"经济发展"就是指整个资本主义社会不断地实现这种"新组合"、不断创新的结果，就是不断打破均衡的过程，从而引起了利润、资本、信贷、利息和经济周期的变化。在创新力量的推动下，经济发展成为一个"创造性毁灭"的过程。

熊彼特创新理论认为，经济发展的本质就是创新，创新既是最根本的动力，也是发展本身。他认为，可以把经济区分为"增长"与"发展"两种情况。所谓经济增长，如果是由人口和资本的增长所导致的，则不能称作发展。"因为它没有产生在质上的新现象，而只有同一种适应过程，像在自然数据中的变化一样"。"发展是一种特殊的现象，在循环流转中或走向均衡的趋势中可能观察到的完全不同。它是流转渠道中的自发的和间断的变化，是对均衡的干扰，它永远在改变和代替以前存在的均衡状态。"这种将发展直接界定为创新的理论，与我国当前高质量发展中十分强调创新驱动力的内涵是一致的。

3. 罗斯托经济增长阶段论

美国经济学家罗斯托在 1960 年《经济成长的阶段》中提出了经济成长阶段论，将一个国家的经济发展过程分为五个阶段，而后在 1971 年《政治和成长阶段》中增加了六阶段。这六个阶段分别是传统社会、准备起飞、起飞、走向成熟、大众消费和超越大众消费。罗斯托认为，一个国家的不同阶段有着不同的经济社会发展特征。在传统社会阶段，经济是围绕生存发展的，一般是封闭或孤立的。准备起飞阶段是摆脱贫困落后走向富强的准备阶段，其特点是社会开始考虑经济改革的问题，希望通过实现现代化以增强国力，改善人民生活。经济起飞阶段是从落后阶段向先进阶段的过渡时期，大量劳动力从第一产业转移到制造业，外商投资大幅增加。基于一些快速增长的产业，该国出现了部分地区的增长极。在走向成熟阶段，现代技术已有效应用于大部分行业，出口的行业和产品开始多样化，高附加值出口行业增加，制造企业和消费者热衷于新技术和产品。投资重点是从劳动密集型行业转移到资本密集型行业，国家福利、交通和通信设施明显改善，经济增长惠及全社会，企业开始对外投资，部分经济增长极开始向技术创新极转变。在大众消费阶段，主要经济部门已从制造业转向服务业，奢侈品消费上升，生产者和消费者向高端和消费者转变。人们开始利用科技成果，把更多的钱花在休闲、教育、医疗、国家安全和社会保障项目上。在超越大众消费阶段，主要目标是提高生活质量，一些长期存在的社会问题得到逐步解决。

罗斯托的经济发展阶段论告诉我们，经济发展很难说是线性的，到一定阶段就会对应不同的阶段特征，发展战略也应做出相应调整。因而，我国在经过改革开放 40 多年高速增长后转而进入高质量发展阶段，将更多精力放在提升质量和效益上，是顺应经济发展阶段变化的。

4. 钱纳里产业升级理论

利用"二战"后发展中国家的历史数据，特别是 1960～1980 年的九个准工业化国家（地区），哈佛大学经济学教授钱纳里建立了跨国模型，使用回归方程建立了 GDP 市场份额模型，并提出了标准的产业结构。基于人均 GDP，他将从欠发达经济体向成熟工业经济体的整个转型过程分为三个阶段和六个时期。钱纳里认为，任何一个发展阶段向更高阶段的飞跃都是由产业结构转型驱动的。

这六个时期分别是传统社会、工业化初期、工业化中期、工业化后期、后工业化社会、现代化社会。传统社会时期生产力水平很低，以农业为主，绝大部分人口从事农业生产，几乎没有现代化工作。工业化初期阶段产业结构由落后传统的农业逐步向现代工业转变，工业以采掘、食品、烟草、纺织、建材等初级产品生产为主。工业化中期阶段非农劳动力开始占主体，制造业开始转向重工业的迅速增长，第三产业开始迅速发展。工业化后期阶段，第三产业持续高速增长，并成为经济增长的主要力量。后工业化社会阶段，高档耐用消费品普及，生活方式现代化。制造业内部产业由资本密集型向技术密集型转变。现代化社会阶段，人们消费呈现多样化、多变化和个性化。第三产业开始分化，智能密集型、知识密集型从服务业分离出来并占主导地位。

从理念上来看，钱纳里基于产业结构特征划分的经济发展时期与罗斯托经济发展阶段论比较类似，都为我们转向高质量发展阶段提供了重要理论支撑。推动产业升级、向中高端迈进正是高质量发展的应有之义。

二、高质量发展理念

习近平总书记在 2018 年中央经济工作会议上指出，"高质量发展，就是能够很好满足人民日益增长的美好生活需要的发展，是体现新发展理念的发展，是创新成为第一动力、协调成为内生特点、绿色成为普遍形态、开放成为必由之路、共享成为根本目的的发展"。因此，经济高质量发展的理念就是创新、协调、绿色、开放、共享。

1. 创新发展理念

创新发展不同于以往发展经济学中经济增长创新，而是社会价值的全面创新，创新发展范围由经济学范畴的创新扩展到了科技创新、制度创新、文化创新等在内的全面创新，贯穿于经济社会发展的各个方面。创新的出发点和落脚点是以人民为主体，激发了全民创新创业的热潮，根本目的在于激发人民的活力、创造力、生产力。其主要标准：一是着力提升科技创新的质量效率；二是着力增强产业创新能力；三是着力打造区域创新高地；四是着力推进相关领域体制机制改革；五是加强知识产权行政执法和司法保护衔接。

2. 协调发展理念

协调发展核心任务是实现经济建设、政治建设、文化建设、社会建设、生态文明建设的"五位一体"的总体布局的具体实践。一方面要大力发展生产力，为社会和谐稳定创造雄厚的物质基础；另一方面要努力发展社会事业，提高人民福利，提高教育、医疗、交通等公共服务水平，让人民更多、更均等地共享改革成果，提升人民生活质量，为经济发展提供良好的社会环境。其中心任务：一是河北作为北京非首都功能疏解的集中承载地，实现京津冀协同发展；二是实施新型城镇化战略和乡村振兴战略，推动城乡融合发展。

3. 绿色发展理念

绿色发展是从资源掠夺式的发展老路中走出来的，找到一条人与自然和谐共生的、推动人类永续发展的新路，实现人类发展反哺自然的良性互动。通过资源配置的不断优化，使生产函数的生态价值更加凸显，最终推动人类经济活动和生产消费方式迈向绿色时代的具体实践。其中心目标：一是加快绿色技术创新，建设绿色金融体系；二是推进能源生产利用和消费革命，构建低碳发展模式；三是推进资源节约和循环利用，形成循环链接系统；四是壮大节能环保、清洁生产、清洁能源以及生态循环农业；五是推行绿色消费和生活方式，最终建立资源节约、环境友好的绿色发展示范区。

4. 开放发展理念

开放发展是打通国际与国内双循环，建设多元平衡、安全高效的全面开放体系。它将以深度参与"一带一路"倡议为契机，以自贸区建设为重点，坚持"引进来"与"走出去"，结合制造业与服务业开放相结合的改革试点，加快从低要素成本优势向综合竞争优势转变，从区域开放不协调向协调发展转变，从国际经贸规则的适应遵循者向参与制定者转变，从优惠政策为主向制度规范为主转变。加快培育国际合作和竞争新优势，更加积极地促进内需和外需平衡、进口和出口平衡、引进外资和对外投资平衡，发展更高层次开放型经济。

5. 共享发展理念

共享发展是体现效率，促进公平的发展，既要实现收入分配合理，也要维护社会公平正义，最终实现全体人民共同富裕。其目标：一是坚持按劳分配与按要素分配有机结合；二是基本公共服务均等化；三是拥有党委领导、政府负责、民主协商、社会协同、公众参与、法治保障、科技支撑的社会治理体系；

四是人民拥有乡风文明、家风良好、民风淳朴,展现社会崇德向善的精神风貌。

第三节　高质量发展的内涵与特征

一、高质量发展的内涵

在充分考虑社会主要矛盾发生根本性变化、经济社会发展趋势发生重大变化的情况下,党的十九大报告中首次提出高质量发展这一概念。高质量发展概念的提出既针对我国经济发展中存在的突出问题与矛盾,也符合经济发展的一般规律。高质量发展概括来看是指以高效生产方式为全社会持续而公平地提供高质量产品和服务的经济发展,即充分满足人民美好生活需要的发展。高质量发展的核心内涵为供给体系质量高、投入产出效率高和发展稳定性高(见图2-1)。

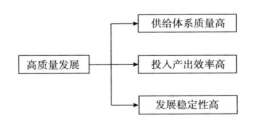

图2-1　高质量发展的内涵

一是供给体系质量高。要素投入、中间品投入和最终产出三个环节构成了供给体系,与质量密切相关。要素投入和中间品投入的质量直接影响到最终产出的质量，高质量产出往往是高质量要素投入和中间品投入的结果，高质量的要素与中间投入是高质量产品与服务的基础。若这三个环节质量都高，则标志着供给体系质量高。新阶段生产要素不仅包括劳动力、资本、技术、能源等，还包括信息、数据等新型要素。要素投入质量高指投入到供给体系中的这些生产要素质量高，具体表现为劳动力素质高，能源资源绿色化程度高，生产要素自动化、信息化、数据化程度高，生产过程中的技术水平高，数据信息资源的规模大，质量和价值高等方面。中间品投入质量高表现为产业结构不断优化升级、产业分工和专业化程度不断提升，形成相互支撑、有效协同、安全高效的供应链体系。供给体系质量高在具体产出形态层面表现为产品和服务的高质量、高性能；在产业层面表现为合理化、高级化的产业结构；在宏观层面表现为供给需求良性互动与均衡。

二是投入产出效率高。从静态来看，投入产出效率高表现在技术效率高和经济效益好的统一（见图 2-2）。效率既包括技术效率也包括经济效益，分别从物质形态和价值形态衡量了投入产出关系。推动高质量发展要求不断提升技

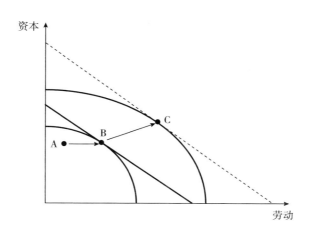

图 2-2　投入产出静态效率提升

注：经济效率的提升在图中表现为从 A 点迁移到 B 点；技术效率的提升在图中表现为从 B 点迁移到 C 点。

术效率，高效集约发挥各类生产要素投入产出效率最大化。在此基础上，需要进一步提升资源的配置效率，使各类要素的边际报酬最大化，实现最大经济效益。具体看就是参与经济活动的市场主体均获得较好收益，企业利润、职工收入、国家税收持续增加。从动态来看，投入产出效率高还表现在效率的不断提升从而成为经济发展持续强劲的动力来源。

三是发展稳定性高。从时间维度来看，高稳定性短期表现为经济平稳运行在合理区间，虽有正常的经济波动，但韧性和自我修复能力较强，没有重大失衡和风险隐患引发的大起大落，中长期则表现为产出的可持续性强，经济发展不会导致积累重大结构性矛盾、对重大结构性变化有较强的应变调整能力，不会长期陷入中等收入陷阱等经济发展过程中的各类陷阱。从空间维度来看，稳定性高既要求经济体系自身的健康稳健，也要求经济体系与社会、环境相协调相和谐，经济发展不会导致积累重大社会与环境风险并反作用于经济发展。在社会方面经济发展能够为全体社会成员提供发展机会，成果为全社会共享，贫富差距控制在合理范围，使经济发展不因社会矛盾激化而中断。在资源环境方面，自然资源合理利用、生态环境有效保护，不以当代人民生活质量下降和牺牲后代人民福利水平来获取高速增长，资源环境可承载经济长期持续增长。

需要强调的是，供给体系质量、投入产出效率和发展稳定性高是经济高质量发展的根本特征和核心要义，只有同时具备这些特征，且这些特征彼此互洽、互为支撑时，才称得上是经济高质量发展。经济高质量的发展过程也是渐次实现以上全部特征的过程。而当上述特征不能兼顾甚至相互冲突时，则表明经济发展尚未达到高质量阶段，如在经济发展的早期，产品高质量往往不能带来好的经济效益，反而是质量粗劣的产品经济效益更好。又如，在计划经济体制下，高技术效率与低经济效益、高经济增长与人民生活贫困并存。同时，高质量的标准也是一个动态和相对的概念，会随着技术进步和发展条件变化而有所调整。

总体来看，我国经济已由高速增长阶段转向高质量发展阶段。高质量发展是对"三期叠加""经济发展新常态"等一系列重大判断的提升,"三期叠加"回答了情况发生变化的原因,"经济发展新常态"则指出了新阶段、新特征、新趋势的内涵,高质量发展指明了我们努力的方向,描绘了未来图景。

二、高质量发展的特征

本书从新发展理念和内涵提炼了高质量发展的五大特征。

1. 创新成为第一动力,建成创新引领、协同发展的产业体系

建设高质量现代化经济体系,其中一个重要的内容就是建设创新引领、协同发展的产业体系。由此实现实体经济、科技创新、现代金融、人力资源协同发展,使科技创新在实体经济发展中的贡献份额不断提高,现代金融服务实体经济的能力不断增强,人力资源支撑实体经济发展的作用不断优化。建设创新引领、协同发展的产业体系,关键是要有扎实的举措,使生产要素高效服务于实体经济,形成促进经济高质量发展的强大动力。而要做到以上几点,必须发挥创新作为内生第一动力的作用,转变发展方式。习近平总书记强调,发展是第一要务、人才是第一资源、创新是第一动力。我国实体经济远未摆脱高投入低产出的粗放发展模式,产业发展主要依靠增加人力、物力、财力等要素投入,创新资源在要素组合中的比重偏低,核心技术受制于人。从世界知识产权组织发布的《2018 年全球创新指数报告》来看,我国在创新体制机制、商业模式创新、组织模式创新这三个重要指标的排名中,分别排在第 70 位、第 55 位、第 43 位,明显落后于美国、日本、德国等国家。当前新一轮科技革命和产业变革蓄势待发,正在以前所未有的广度和深度改变着产业发展模式,科技创新对产业发展的引领作用空前强大。需要通过建设创新引领、协同发展的产业体系紧紧抓住科技创新引领发展这个"牛鼻子"、瞄准世界科技前沿强化基础研究,突出关键共性技术、前沿引领技术、颠覆性技术创新,建立以企业为主体、市场为导向、产学研深度融合的技术创新体系,使科技创新对经济发展的贡献率不断提升。

在高质量发展阶段，创新的贡献将超过其他几大要素的贡献，成为第一大动力源。经济增长由要素驱动向创新驱动转变，由规模速度型向质量效益型转变，由以成本、价格优势为主向以质量、服务为核心的综合优势转变，形成以创新为主要驱动力的鲜明特征。这里的创新是全方位的，包括理论、制度、科技、文化等各领域创新，特别是科技创新与经济发展的关系尤为密切。

在产业发展上，产业链、价值链比较完整且主要居于中高端，生产方式平台化、网络化，企业信息化、智能化水平高，创新力、品牌力和核心影响力比较强，盈利能力强，更多地依靠科技、人力资本、信息、数据等新的生产要素进行生产，新产业、新产品、新技术、新业态层出不穷。

2. 协调成为内生特点，建成彰显优势、协调联动的城乡区域发展体系

资源要素的广域组合重构，是解放和发展生产力的必然要求。当前，我国经济矛盾主要体现在发展的不平衡不充分上，区域之间、城乡之间、产业之间发展不均衡、不协调的矛盾突出。因此，在经济结构不断演化的现实背景下，建设彰显优势、协调联动的现代经济发展体系，在更广空间尺度上配置资源，在更大程度上调动经济发展的积极性，推动资源要素在城乡之间、区域之间、产业之间合理流动，逐渐向更有效率的经济部门和地区配置，实现资源要素重组、结构优化，有利于更有效地激发经济发展潜能、拓展发展空间、释放需求潜力、提高经济发展的整体水平。

高质量发展应该是在内生机制上有利于实现协调的发展，使城乡区域、收入分配、经济社会、经济生态都能达到内生协调的状态。通过努力，实现经济空间布局与资源禀赋、人口分布和流动、环境承载力适应匹配，人口、经济、资源、环境空间均衡。

3. 绿色成为普遍形态，建成资源节约、环境友好的绿色发展体系

纵观世界发展史，西方发达国家在工业化阶段经历了环境污染公害等问题，引起了各国对人与自然关系的反思。我国传统经济发展道路也伴随着资源过度消耗、环境严重污染等问题。从我国情况来看，随着生态环境问题的日益

突出，转变发展方式刻不容缓，绿色发展作为推进生态文明建设的基本途径，已成为经济社会持续健康发展的重要方向和主要目标，成为全民共识。资源节约、环境友好、人与自然和谐相处成为现代化经济体系的重要标志。

习近平总书记指出，绿色发展是构建高质量现代化经济体系的必然要求，是解决环境污染问题的根本之策。绿色发展是以人与自然和谐为目标的经济社会发展方式。未来社会生产和生活方式必须建立在资源能支撑、环境能容纳、生态受保护的基础之上，对经济存量实施绿色改造，对经济增量进行绿色构建，不断培育壮大绿色发展的新动能。

高质量发展就是绿色成为普遍形态的发展。经济高质量发展，就应让绿色发展理念深入人心、绿色发展政策体系成熟有效、绿色产业蓬勃发展、绿色消费方式成为潮流、绿色发展实践深入渗透生产生活各领域、各环节。要通过全方位的变革和政策引导努力，真正将绿水青山转化为金山银山，实现绿色循环低碳发展、人与自然和谐共生。

4. 开放成为必由之路，建成多元平衡、安全高效的全面开放体系

当今世界经济出现重大变化和调整，世界进入了向多极化发展的时期，经济格局出现两个趋势，即经济全球化和区域经济一体化。当前，全球经济复苏程度依然存在一定不确定性，中美竞争仍是全球政治经济趋势分析的重点，中国必将推动更多双边和多边投资合作，在合作中寻求新发展、塑造新格局。当前，世界政治经济格局处于大发展大变革大调整中，中国特色社会主义进入新时代，我国经济由高速增长阶段转向高质量发展阶段，更需要推动形成全面开放新格局。对外开放作为我国长期坚持的基本国策，面临新形势、新要求和新任务。建设多元平衡、安全高效的全面开放体系，是建设现代化经济体系的必由之路，也是进一步发挥以开放促发展、促改革、促创新的作用，实现经济高质量发展的重要支撑。

建设多元平衡、安全高效的全面开放体系，要力求"引进来"与"走出去"、沿海开放与内陆沿边开放、制造业开放与服务业开放、向发达经济体开

放与向发展中国家开放、多边开放与区域开放、开放与安全更好结合。下一步，要坚持从低要素成本优势向综合竞争优势转变、从区域开放不协调向协调发展转变、从国际经贸规则的适应遵循者向参与制定者转变、从优惠政策为主向制度规范为主转变。我国构建全面开放体系的主要任务是，推动构建人类命运共同体、扎实推进"一带一路"倡议、积极推进贸易强国建设、实现高水平"引进来"和高质量"走出去"、稳步扩大金融对外开放、优化区域开放布局、促进贸易投资便利化、健全对外开放安全保障机制等。

高质量发展就是将高水平开放作为必由之路的发展。尽管当前贸易保护主义抬头，开放之路暂时受到挫折，但要实现高质量发展，就必须在复杂多变的国际环境和激烈的国际竞争中赢得主动，坚持"引进来"和"走出去"相结合，推动形成全面开放新格局，发展更高层次的开放型经济，加快贸易强国建设，积极参与全球治理，改善外商投资环境，推动开放朝着优化结构、拓展深度、提高效益方向转变，实现国际化的高质量发展。

5. 共享成为根本目的，建成体现效率、促进公平的收入分配体系

人是由劳动、需要、交往、意识四个要素构成的。人与人的交往构成了社会的关系。社会关系是人本质中交往这个要素的总体表现，通过四个要素集合起来，使人类结成生存的共同体。社会关系是人存在的必要形式，社会关系又以制度、体制，以及国家、公共权力机构、企业、团体、家庭等各种形式和相应的机制，来制约个体人的行为，制约生产方式和生活方式。高质量的经济发展是以人民生活水平和生活质量普遍提高为衡量标准，更是以人的全方位发展为标志。社会的进步不是以牺牲人民的利益为代价，我们建设富强民主文明和谐美丽的社会主义现代化强国，一个重要的标准就是实现全体人民共同富裕、全方位的发展。全方位的发展既包括建立在体现效率、促进公平的收入分配体系上，也体现在民主与法治的政治体系完备上；既体现在"共建共治共享"的社会形态上，也体现在安居乐业、老有所养、幼有所教、贫有所依、难有所助的社会保障机制上。

高质量发展就是让发展始终以人民为中心，让发展更加有利于实现更高质量和更加充分的就业、有利于保障和改善民生、有利于补齐民生短板，使每个人都有通过辛勤劳动实现自身发展的机会，让改革发展成果更多、更公平惠及全体人民，实现收入分配合理、社会公平正义、全体人民共同富裕，形成系统完备、科学规范、运行有效的收入分配法律体系、制度体系和组织体系。初次分配和再分配制度体系的公平性和运转效率大幅提升，形成较为完备的税收调节制度体系，建成覆盖全民、城乡统筹、权责清晰、保障适度、可持续的多层次社会保障体系，建成完备的收入分配秩序的制度体系。居民收入水平进一步提高，居民收入差距进一步缩小，基尼系数降至合理水平。各群体充分共享经济社会发展的成果，中等收入群体占比 50% 以上，形成橄榄型收入分配格局，全体人民基本实现共同富裕。城乡之间、地区之间基本公共服务标准统一、均衡分布、便利可及，城乡二元经济结构基本消除。区域间发展水平明显趋同，行业间收入差距实现有效激励和合理结果的良好平衡。劳动者报酬比重上升至60% 以上。公平正义得到切实维护，收入分配体系合理有序。人民群众对收入分配状况较为满意。

第三章　河北省高质量发展评价指标体系

党的十八届五中全会首次提出了新发展理念：创新发展、协调发展、绿色发展、开放发展、共享发展。这是以习近平同志为核心的党中央在新时期提出的新的治国理政理念，已经成为指引我国社会经济持续健康发展的灵魂和主线，成为引领河北省高质量发展的重要发展理念。

第一节　河北省高质量发展创新发展指标体系

创新发展是新发展理念的"灵魂"，它贯穿于践行新发展理念的各个环节和整体过程之中，具有全局性、战略性、纲领性作用。创新发展直接关乎发展效益乃至发展的成功与否。从全球经济发展趋势上看，为顺应新一轮科技革命发展，各国争相出台政策文件来支撑本国的技术创新发展；2007 年，日本实施《创新 25 战略》；2011 年，德国推出"工业 4.0"的高技术国家战略；2017 年，美国发布"国家机器人计划 2.0"；2018 年，欧盟公布人工智能行动计划。反观我国，自中华人民共和国成立以来，创新理念一直引领着我国各方面的发展进步。2015 年，我国一系列重大科技项目和工程相继实施，提升了我国的国际地位，奠定了走中国特色自主创新之路的基础。从现代经济发展的规律性特征来看，一个国家或地区在不同的发展阶段，会有不同的发展驱动力。创新作为首要内生动力，贯穿于高质量发展的方方面面，科技创新水平更是成为衡量一个经济体综合实力的关键指标。

一、创新发展理念的理论基础

1. 创新发展是深深植根于中华传统文化的哲学思想和历史基因

《周易·益卦》中就有"凡益之道，与时偕行"的创新原则，启示我们必须认识规律、把握大势、贴近时代、实事求是，具备与时俱进的创新思想、创新方法、创新技术，才能够把握方向、有所作为。中华五千多年的文明史，历朝历代不乏创新的人物与事例。中国古代造纸术、指南针、火药和印刷术四大发明就是重大的科技创新，对我国古代的政治、经济、社会、文化都产生了巨大的推动作用，对世界文明史也产生了重大影响。中国历史上春秋时期齐国的管仲改革、秦国的商鞅变法、北宋时期的王安石变法等都是对社会治理的重大革新。

2. 创新发展来源于对西方传统理论的借鉴和延伸

根据照熊彼特的观点，创新意味着毁灭原有产品、技术、生产方式，把一种从来没有过的生产要素和生产条件的新组合引入生产体系。西方传统理论将创新概括成了五个方面，即引进新产品、引用新技术、开辟新市场、寻找新材料、实现企业新的组织形式。西方传统理论对创新发展的研究具有很强的借鉴意义，但西方传统理论也有一定的局限性，它研究的对象局限于企业，把创新的主体定位于企业家。而当前我国创新发展理念在借鉴西方传统创新理论的同时，又赋予创新新的内涵，我们的创新是以人民为中心的共同创新，不仅有企业家的创新还有人民大众的创新，是全民参与式创新；不仅有技术创新还有制度创新、观念创新、体制创新，是全方位建设性创新。

3. 马克思主义政治经济学为创新发展提供了重要理论基础

马克思主义政治经济学的根本立场是人的全面发展，强调人类实践是自觉认识和尊重经济发展规律、社会发展规律、自然发展规律，社会发展的根本动力在于生产力的发展。马克思主义政治经济学认为生产力决定生产关系，生产力是人们解决社会同自然矛盾的实际能力，是人类改造自然使其适应社会需要的物质力量，生产力由劳动资料、劳动对象和劳动者三要素构成。马克思曾明确指出，社会的劳动生产力首先是科学的力量，即科学技术是第一生产力。改革开放以来，特别是党的十八大以来，党中央提出了创新发展的新理念正是中国共产党在牢牢把握马克思主义政治经济学的基本理论和基本分析方法的基础上对马克思主义创新发展的拓展和延伸，是党中央在长期的社会实践中对经济和社会发展规律的总结，是党中央适应新形势、认识新问题，按照马克思主义基本理论和基本方法提炼总结中国发展观的重要理论成果。

二、创新发展理念对高质量发展的影响

1. 机制体制创新的影响

道路创新是最本质的创新，是实现其他所有创新活动和过程的决定因素。从国家宏观层面来讲，道路的创新具体表现在经济与社会管理机制体制的创新。推动创新发展离不开机制体制的完善与创新，机制体制的创新更将起到决定性作用。

2. 制度创新的影响

坚持创新发展，就是要发展新的生产力，建立与之相适应的生产关系。生产关系是人们在物质资料生产过程中形成的社会关系，包括生产资料所有制形式、人们在生产中的地位及相关关系、产品分配的形式等，因此社会经济发展中形成的产权制度、投融资制度、分配制度、用人制度等都是生产关系的具体形式。按照马克思主义政治经济学辩证唯物主义的观点，生产力决定生产关系，但生产关系也反作用于生产力，生产力和生产关系是一对矛盾统一体。由

此，本书认为产权制度、投融资制度、分配制度、用人制度等是影响创新发展的重要因素。

3. 科技创新的影响

科技创新能力是一个企业的核心竞争力，更是一个国家参与全球竞争、立足于世界之林的核心能力。改革开放40多年来，我国始终重视科技创新，提出了"科学技术是第一生产力"，把科技创新作为国家发展战略来抓。近年来，我国科研实力和科研水平不断增强，海尔、联想、华为、吉利、格力等一批中国企业和自主知识品牌不断涌现，高速铁路、中国天眼、大飞机、5G通信技术等一系列高科技领先世界，为中华民族的伟大复兴奠定了坚实的基础。但从目前来看，我国创新能力不强，科技发展水平总体不高，科技对经济社会发展的支撑能力不足，科技对经济增长的贡献率远低于发达国家水平。新一轮科技革命带来的是更加激烈的科技竞争，如果科技创新搞不上去，发展动力就不可能实现转换，我们在全球经济竞争中就会处于下风。

三、创新发展指标体系的构建原则

1. 系统性

创新发展是一个循序渐进的过程，在对其进行分析时应将创新以及与之相关的主要社会经济问题纳入这一系统内进行综合分析，从创新与其他相关社会经济方面的相互关系中研究创新发展问题。因此，既要注意指标体系的层次性，又要注意同级指标之间的关联性，从而实现指标之间的系统与完整。

2. 真实性

创新评价指标体系必须遵循创新发展的客观规律和经济规律，因此，必须坚持科学发展的原则，统筹兼顾，以科学的态度选取指标，使该指标体系能够较为真实和客观，从不同的角度反映创新的发展水平。

3. 代表性

力求选取的指标最能反映创新发展的本质特征，从创新的主要方面确定为主要指标，指标的设置坚持繁简相宜的标准，如果有指标已经反映内容，原则上不再另设指标。指标主要突出创新发展中的环境、投入、产出、成效的发展水平。

4. 可比性

确定的指标体系既要能够体现创新发展的本质，创新与环境、研发投入创新产出和成效发展的协调情况，又要能对不同地区的创新发展水平进行比较。既要求创新评价指标体系具有历史可比性，又要求体现地区间的横向可比性。为此，需选择可以比较的指标统计口径，如人均、比重、平均等相对数，不用绝对数，并且在计量上使用的是以基准年为标准的不变量。同时，在指标的选择和确定上尽可能地采用世界上普遍认可、广泛通用的指标。

5. 可操作性

指标体系设计的目的主要在于对研究对象做创新发展程度的测评，评价指标必须尽量数量化、易操作。一方面要求指标体系计算方便，简单明了；另一方面要求从资料可获取的角度选择指标。

四、河北省高质量发展创新发展指标体系构建

结合创新发展内涵和河北省高质量发展实际，本书构建河北省高质量发展创新发展指标体系（见表3-1），创新发展包括创新投入、创新产出两个层次。

表3-1 河北省高质量发展之创新发展指标层次及指标解释

准则层	子准则层	方案层	指标解释及单位
创新发展	创新投入	科学技术财政支出强度 X1	科学技术财政支出额占财政支出总额比重（%）
		R&D 经费投入强度 X2	R&D 经费（内部）支出/GDP（%）
		每万人专利授权量 X3	专利授权量/区域年平均总人数（件/万人）
	创新产出	经济效率 X4	GDP 增长速度（%）
		劳动生产率 X5	GDP/社会从业人员（元/人）
		资本生产率 X6	GDP/全社会固定资产投资（%）

创新投入层次包括科学技术财政支出强度、R&D 经费投入强度和每万人专利授权量三个指标。科学技术财政支出强度是指科学技术财政支出额占财政支出总额比重；R&D 经费投入强度是指 R&D 经费（内部）支出除以 GDP。这两个指标反映了河北省创新发展中创新投入的强度。每万人专利授权量是指专利授权量/区域年平均总人数，反映了河北省创新发展中创新投入的专利情况。创新发展中的创新产出包括经济效率、劳动生产率和资本生产率三个指标。经济效率是指 GDP 的增长速度。劳动生产率是指 GDP/社会从业人员（城镇单位从业人员期末人数）。资本生产率是指 GDP/全社会固定资产投资。这三个指标反映了创新产出的效率，真正体现了高质量发展的要求。

第二节　河北省高质量发展协调发展指标体系

党的十八届五中全会指出，协调发展是持续健康发展的内在要求。协调发展就是要牢牢把握中国特色社会主义事业的总体布局，正确处理好发展中的重大关系，重点促进社会经济协调发展，促进城乡之间协调发展。

改革开放以来，我国虽然有部分地区实现了高速发展，但是不均衡的发展矛盾在沿海与内陆之间、城乡之间、人与生态之间逐渐显现，而实现协调发展是党中央坚持问题导向、破解发展瓶颈的应对之策，也是着眼未来谋划全局的战略考量。在京津冀协同发展过程中，河北省面临着包括资源环境生态与发展、管理体制改革、建设资金筹集等一系列的挑战。如何解决这些问题，实现统筹协调、均衡发展是关键。

一、协调发展理念的理论基础

1. 协调发展理念植根于中国古代的中庸思想

中庸思想是中国古代儒家主要思想之一，要求做人做事不偏不倚、恰到好处。作为儒家思想的代表，子思所著的《中庸》中有云："喜怒哀乐之未发，谓之中；发而皆中者，谓之和。中也者，天之大本也；和也者，天下之大道也。"中庸之道不仅是中国古人自我修养、自我完善、自我监督的要求，更是古代人社会治理之道和治理目标。在中国五千多年的历史长河中，受儒家思想影响最为深刻，中庸思想在不同的历史时期有不同的表现，在不同阶段的社会发展中，中庸思想在协调矛盾、和谐稳定、个人道德等方面都起到了重要作用。

2. 协调发展源于马克思主义唯物辩证法

对"对立统一"的科学思辨，既是马克思唯物辩证法的重要论断，也是协调发展的哲学基础。矛盾存在于人类社会发展的全过程，任何事物的发展过程都是在相互作用的形式中进行的，只有对立统一地看待问题，全面协调地处理问题，才能实现有序发展。马克思认为，经济基础和上层建筑、生产力与生产关系之间的协调是在处理协调发展中所需要关注的主要矛盾，目前我国正经历经济和社会发展的转型期，发展不充分不平衡的矛盾日益突出，处理好经济结构调整、经济发展转型、区域间经济发展不平衡等问题，处理好全局与局部的关系，注重区域经济协调发展，处理经济、政治、文化、社会、生态之间的整体协调关系，既是马克思主义辩证法的体现，又是解决当前发展中存在的主要矛盾，推动经济社会高质量发展的客观需求。

二、协调发展理念对高质量发展的影响

1. 区域协调发展的影响

改革开放以来，我国试办深圳等四个经济特区，提出沿海发展战略，划定大连、秦皇岛等 14 个沿海开放城市，积极发展外向型市场经济，极大地激活了我国市场经济的活力，这些经济特区及沿海开放城市成为我国经济面向世界的窗口。20 世纪 90 年代末，我国逐渐形成了东部地区率先发展、西部大开发、中部崛起、东北振兴的区域经济协调发展战略。进入 21 世纪，逐渐形成了以上海为龙头的长三角地区、以粤港澳为核心的珠三角地区以及北方的京津冀地区三大经济圈。党的十八大以来，党中央又提出"一带一路"倡议、长江经济带和京津冀协同发展三大战略，2019 年，中共中央、国务院印发了《粤港澳大湾区发展规划纲要》。党的十八届五中全会提出，推动区域协调发展，塑造要素有序自由流动、主体功能约束有效、基本公共服务均等、资源环境可承载的区域协调发展新格局。这就要求我们对已有的区域战略进行升级，从主要配置和协调地区间的经济资源，向全面协调地区间的经济、社会和生态资源方向转变。

2. 城乡协调发展的影响

城乡二元结构问题在我国由来已久，关于城乡二元结构问题的研究历来是经济学研究的重要课题，从历史演进和发展的角度来看，中华人民共和国成立之初，我国高度集中的计划经济体制轨道基本确立，严格的户籍制度的建立将原来的城乡二元结构正式固化和升级为城乡二元体制，虽然此举在一定程度上对社会管理和社会稳定发挥一定作用，但城乡之间因此形成了严重的壁垒，城市和农村都自成体系，严重地影响了资源在城市与农村中的自由流动和配置。随着我国农业现代化的快速发展，农村更多的剩余劳动力涌入城市，要求我国尽快破解城乡发展的二元体制和发展不平衡、不协调问题，因此我国户籍制度逐步放开，城市化进程得到快速发展。但在城市化快速发展中也带来了住房价格高涨、生态环境破坏、城市交通拥堵、公共服务设施不足等缺陷。面对以上问题，应走新型工业化、信息化、城镇化、农业现代化协同发展之路，促进城乡协调发展。

3. 经济、社会与生态环境协调发展的影响

从世界范围来看，工业革命以来，技术进步带动了经济的快速发展，由于经济发展给人们带来收入水平的提高和物质的丰富，人们盲目追求经济的高速发展，却忽视了由此带来的贫富差距拉大、社会阶层分化等社会问题，也忽视了工业发展带来的过度开发、能源消耗、环境污染等经济社会问题。1987 年，

在联合国大会上第一次提及可持续发展的概念，自此，人们对经济、社会与生态环境的可持续发展问题越发关注。因此，一般而言，可持续发展可以从经济、社会、生态环境三个维度展开。其实质是如何正确认识和处理经济效率问题、社会公平问题和生态环境保护问题。从我国社会经济发展的实践来看，也逐步经历了从片面追求高发展速度、"唯 GDP 论"的粗放式发展到全面、协调、可持续发展的过程。改革开放以来，我国经济实现了高速发展，但相对而言，资源消耗和生态环境保护问题并未引起重视，一些地区以能源消耗和生态环境破坏的牺牲换得 GDP 的高速增长，这样的 GDP 增长终归是不可持续的。党的十八大以来，党中央提出了生态文明建设的新思想新方针，统筹经济、社会和生态环境的高质量、可持续发展。在新的历史时期，实施可持续发展战略，经济、社会与生态环境协调发展的理念对高质量发展势必产生持续而深厚的影响。

4. 人文与科技协调发展的影响

人文和科技是人类社会文明的两大基石，它们相辅而行、相得益彰，共同构成了人类社会文明的发展史。"人文"一词在西方文明中可以追溯到古希腊文明，苏格拉底提出了"认识你自己"，使研究人类的自我灵魂成为西方哲学的根本任务。被誉为六经之首的《易经》中有"关乎天文，以察时变。观乎人文，以化成天下"，其内涵是将礼乐教化作为根本，并由此建立一个有序文明的社会。"科技"一词，从传统意义上讲是指科学和技术两个层次，科学可以理解为认识世界规律的手段，技术则被认为是改变世界的手段，因此科技的内涵就是人类认识世界、探究真理并改变世界的能力与手段。科技是人类认识和改变世界的工具，而人文是人之所以为人的本质与特征，但近年来随着现代科技的迅猛发展，出现了现代科技与传统人文相背离的现象，人类的发展逐渐与以人为本的本心相背驰，带来了一系列生存与发展的危机。反观现代科技的发展，如何将其与人文精神的发展相互融合，形成互补，以解决现代科技带来的一系列挑战成为摆在世界各国面前的共同问题。

三、协调发展指标体系的构建原则

在河北省协调发展指标体系的构建过程中，要深刻理解并融入新发展理念，这使其将成为由多方面指标而组成的复杂体系。每一大类、每一指标都应反映协调发展内涵，同时也要综合考虑统计指标应具备的一些基本原则。

1. 科学性原则

指标体系是否科学是筹划指标构建的根本，在选择指标前，应对系统建设的目的、可衡量的目标、系统的设计有全面的认识，指标的选择应能客观、准确测度协调发展中经济社会、物质文化、环境资源等多维层面的程度。

2. 全面性原则

指标的选取应该能够全面反映和测度被评价系统的各个方面及主要特征和发展状况。将所有指标综合起来形成严密的体系，从而全面体现协调发展的状况和趋势。

3. 可操作性原则

要尽量避免选择难以量化、无法获取的数据，尽量选取公开可查的统计资料，如国家统计局及各地区统计年鉴、各地方政府报告、公开发表的论文专著等，其中选择合适的数据指标，保证各项指标值的可比性。

四、河北省高质量发展协调发展指标体系构建

协调发展指标体系包括经济社会协调、城乡协调和文明协调三个层次（见表3-2）。

表3-2　河北省高质量发展之协调发展指标层次及指标解释

准则层	子准则层	方案层	指标解释及单位
协调发展	经济社会协调	产业结构高级化 X7	第三产业增加值占 GDP 的比重（%）
		教育支出强度 X8	教育支出占财政支出比重（%）

准则层	子准则层	方案层	指标解释及单位
协调发展	城乡协调	城镇化率 X9	年末城镇常住人口/年末地区总人口（%）
		城乡居民收入差异系数 X10	农村居民人均纯收入/城市居民人均可支配收入
	文明协调	每百人互联网宽带接入数 X11	互联网宽带接入数/年末地区总人口（户/百人）
		每百人公共图书馆藏书 X12	公共图书馆藏书/年末地区总人口（册/百人）

经济社会协调包括产业结构高级化和教育支出强度。产业结构高级化是指第三产业增加值占 GDP 的比重，反映了经济协调发展情况；教育支出强度是指教育支出占财政支出比重，反映了社会协调发展情况。城乡协调包括城镇化率和城乡居民收入差异系数两个指标。城镇化率是指年末城镇常住人口/年末地区总人口；城乡居民收入差异系数是指农村居民人均纯收入/城市居民人均可支配收入，反映了城乡协调情况。文明协调包括每百人互联网宽带接入数和每百人公共图书馆藏书两个指标。每百人互联网宽带接入数是指互联网宽带接入数/年末地区总人口；每百人公共图书馆藏书是指公共图书馆藏书/年末地区总人口，这两个指标反映了物质文明和精神文明相互协调情况。

第三节　河北省高质量发展绿色发展指标体系

绿色发展是高质量发展的重要目标和必要条件。要践行习近平生态文明思想，营造优美自然的生态环境，打造宜居宜业的美丽河北。没有绿色发展，河北省高质量发展将无从谈起、无法实现。

一、绿色发展理念的理论基础

1. 绿色发展理念源于中国古代"天人合一"的思想

我国古代的道家思想认为，天就是自然，而人属于自然的一部分。因此庄子曾说："有人，天也；有天，亦天也。"天人本是合一的。但由于制定了各种典章制度、道德规范，使人丧失了原来的自然本性，变得与自然不协调。道家提出了"天人一体"的思想。把天、地、人等宇宙万物都连贯成为一个整体，这就突破了古代哲学以政治伦理为轴心的局限，把思考的范围扩展到整个宇宙，树立了朴素的整体观念。人类的社会实践是在逐步认识与改造自然的一系列活动中完成的，但在历史长河中，人类由于对自然认知程度所限，经常会违背自然规律，当人类与自然界抗争时，也许短期内会有一定的收益，但从长期来看，必将承受来自自然界更加凶猛的反噬。从古至今，中华民族对大自然一直抱有敬畏之心，这正是中华民族先哲们的智慧所在。进一步而言，从这些智慧中汲取养分，加以进化发展，可以形成更贴合现代社会实际的"天人合一"观，即人类源于自然、顺其自然、益于自然、反哺自然。妥善解决人与自然的关系，努力实现人类与自然的协调，达到共生、共存、共荣。

2. 绿色发展的理念源于马克思主义自然辩证法

自然辩证法为绿色发展提供了科学规律与理论指导。其总结了大自然与人类的辩证关系，改变了朴素唯物主义和机械唯物主义的自发性、不彻底性、机械性等缺陷，提出自然是人类的生命之本，人类历史是自然史的延续，但人类又必须依赖自然的科学规律。人与自然是对立统一的关系，一方面人在认识自然、改造自然的活动过程中具备及发挥主观能动性；另一方面人类必须顺应自然，尊重自然规律、遵循自然规律才能做到人与自然协调发展，这与绿色发展的理念不谋而合。

3. 绿色发展理念是可持续发展的延伸与升华

综观西方工业国大多存在先污染后治理的发展过程，历史上严重的环境污染问题并不少见。我们必须吸取发达国家在经济发展与治理环境问题中的经验教训，不能忽视生态环境问题，忽视人民的生活和健康，而盲目发展经济，必须走保护环境和资源的可持续发展之路。在党的十八大以后，我国对自身的发展道路进行了反思，针对在经济快速发展中暴露出的资源耗费、环境污染、重复建设、生产过剩等问题，提出了"供给侧结构性改革""三去一降一补"等改革思路，在充分分析市场经济供给与需求关系的基础上，从供给侧入手，调整结构促进发展。可以说，绿色发展理念是在可持续发展的要义上，结合我国新时期经济社会发展现状提出的新发展理念。绿色发展是经过多年实践与探索，凝聚了中国特色改革实践的发展理念，借鉴并超越了传统意义上的可持续发展理念。

二、绿色发展理念对高质量发展的影响

1. 优化生态空间布局对河北省高质量发展的影响

河北省要始终把资源环境承载能力作为高质量发展的刚性约束，优化城市布局，统筹生产、生活和生态的空间关系，通过整体规划布局对空间进行有效调控，着力推动落实规划为先、用途管控为主的国土空间开发，从经济与社会协调、政治与文化协调、生态与环境协调等方面，搭建城市空间发展的新格局。

2. 建设资源节约型社会对高质量发展的影响

党的十六届四中全会提出，"重视计划生育、节约资源、保护环境和安全生产，大力发展循环经济，建设节约型社会"，进一步加强党的执政能力建设。建设资源节约型社会的核心在于节约，即控制能源消费总量，控制水资源、建设用地利用总量，并进一步实现总量和强度"双控"。这就需要在资源利用过程中的全面节约与集约利用，按照生态经济化、经济生态化要求，加快资源利用方式的转变，抓好全过程细节化管理，降低资源消耗总量、减少污染排放、减能增效、提高资源利用的效率和效益。要求河北省在发展过程中要坚持绿色低碳可循环的理念，从社会生产生活方式和城市建设运营模式等角度推行绿色规划、绿色投资、绿色生产、绿色生活，推进资源的全面节约与集约利用，建设绿色低碳之城。

3. 建设环境友好型社会对高质量发展的影响

环境友好型社会追求人与自然和谐共生，协调发展，首先要打好污染防治

攻坚战，以污染物排放量大幅减少为目标，这里的减排不仅指空气，还指水和土壤的污染。目前，京津冀地区因为人口密度大、工业结构偏重、高污染高能耗企业多，又受地形条件影响，太行山以东的市（区、县）空气污染严重，PM2.5 和 PM10 指标超标，特别是入冬后，受燃煤取暖的影响，空气污染更加严重，成为北方雾霾形成的重要诱因之一。2012 年以来，京津冀各地陆续打响了"蓝天保卫战"，推出了"散乱污"企业治理，高污染企业停并转，冬季取暖煤改电、煤改气，小汽车限行等严格的防污减排措施，经过两年的环境治理京津冀地区空气质量持续稳定向好。但我们也必须清醒地认识到，我国污染防治的路还很长，稍一放松就会反弹，特别是京津冀地区的空气质量与全国其他地方相比还有一些差距，是空气污染防治的重点区域。要想实现河北省高质量发展首先要做好的就是节能减排、防治污染，建设环境友好型社会。

绿色发展是实现生态文明、建设人与自然和谐共生的现代化经济体系的必然要求，是河北省高质量发展的根本保障。设置科学合理的绿色发展评价指标并建立绿色发展指标体系，有助于评判河北省的绿色发展现状和预测其未来发展趋势。

三、绿色发展指标体系的构建原则

1. 引领性原则

根据绿色发展的系统性特点，突出绿色、低碳和环保的优势。发展以坚持世界眼光、国际标准、中国特色、高点定位为标准打造绿色发展指标体系，使该指标体系对建设高水平的社会主义现代化城市具有引领和指导意义。

2. 全面性原则

根据绿色发展的全面性特点，绿色指标体系应涵盖经济社会发展的多个方面，指标设置能够全面反映某一地区绿色发展水平，以确保评价结果的科学性和合理性。

3. 可操作性原则

指标能够对不同地区绿色发展有较好的概括性，每个指标都要有可行的资料来源、尽量采用可以在统计年鉴或者相关统计资料中获取的可量化指标。需要计算的指标数据有统一的计算公式,选取的指标应在不同地区具有可比性。

四、河北省高质量发展绿色发展指标体系构建

绿色发展指标体系包括节能减排和生态环保两个层次(见表3-3)。

表3-3 河北省高质量发展之绿色发展指标层次及指标解释

准则层	子准则层	方案层	指标解释及单位
绿色发展	节能减排	万元 GDP 能耗 X13	每万元 GDP 能耗变化率(%)
		万元 GDP 电耗 X14	每万元 GDP 能耗变化率(%)
		万元 GDP 废水排放量 X15	废水排放量/GDP(吨/万元)
		亿元 GDP 废气排放量 X16	二氧化硫排放量/GDP(吨/亿元)
		亿元固体废弃物排放量 X17	一般工业固体废弃物产生量/GDP(吨/亿元)
	生态环保	城市污水集中处理率 X18	通过污水处理厂处理的污水量与污水排放总量比率(%)
		一般工业固体废弃物综合利用率 X19	一般工业固体废弃物综合利用量占一般固体废弃物产生量与综合利用往年贮存量之和的比率(%)
		建成区绿化覆盖率 X20	建成区绿化覆盖率(%)
		生活垃圾无害化处理率 X21	生活垃圾无害化处理量与生产垃圾产生量的比率(%)

节能减排包括万元 GDP 能耗、万元 GDP 电耗、万元 GDP 废水排放量、亿元 GDP 废气排放量和亿元固体废弃物排放量五个指标。万元 GDP 能耗是指每万元能耗/GDP;万元 GDP 电耗是指每万元电耗/GDP;万元 GDP 废水排放量是指废水排放量/GDP;亿元 GDP 废气排放量是指二氧化硫排放量/GDP;亿元固体废弃物排放量是指一般工业固体废弃物产生量/GDP,这些指标反映了节能减排的情况。生态环保包括城市污水集中处理率、一般工业

固体废弃物综合利用率、建成区绿化覆盖率和生活垃圾无害化处理率四个指标。城市污水集中处理率是指通过污水处理厂处理的污水量与污水排放总量比率；一般工业固体废弃物综合利用率是指一般工业固体废弃物综合利用量占一般固体废弃物产生量与综合利用往年贮存量之和的比率；生活垃圾无害化处理率是指生活垃圾无害化处理量与生产垃圾产生量的比率，这些指标反映了生态环保的情况。

第四节　河北省高质量发展开放发展指标体系

改革开放 40 多年来，中国经济和社会发生了翻天覆地的变化。这期间，人民群众是改革开放的最大受益者。当前，我国经济社会发展迈入新时代，应该顺应时代潮流，从战略高度统筹国内国际两个大局，制定国家对外开放和全面参与全球治理的大战略，承担相应的国际责任，体现大国担当。

一、开放发展理念的理论基础

1. 开放发展理念植根于包容性、开放性的中华传统文化

五千多年的中华文明是吸纳了我国各族人民的文化精粹和世界文明的精华延续发展到今天的，具有一定的开放性；单就中华文明自身而言也源于炎帝、黄帝、蚩尤三大氏族部落，经炎帝、黄帝、蚩尤三祖文化融合升华而成，具有很强的包容性。西汉建元二年（公元前 139 年）汉武帝派张骞出使西域，走出了一条古丝绸之路；永乐三年（公元 1405 年）郑和七次下西洋，访问了西太平洋和印度洋等 30 多个国家及地区，这一记录甚至早于哥伦布发现美洲新大陆，这都彰显了中华文明开放包容的胸怀。进入近代，一批拥有先进思想的中国人为了谋求救国的真理，学习西方文化和自然科学，康有为、谭嗣同、严

复等学习和传播西方文化，为当时广大进步青年提供了珍贵的精神养料。特别是革命先驱李大钊同志将马克思主义引入中国，为民族独立、国家富强、人民幸福找到了正确的思想武器。纵观历史，可以看出中华文明深深地烙印着开放的标记，开放发展的理念早已植根于中华传统文化、成为中华文明得以延续和发展的共识。

2. 开放发展理念是中国共产党人集体智慧的结晶

中国共产党从 1921 年成立时起就引入马克思主义先进性思想，借鉴俄国十月革命的先进经验，在共产国际的帮助下组织和开展活动的，可见中国共产党是一个更加开放的政党。进入 21 世纪，党中央提出了走和平发展道路，将"和平、开放、合作、和谐、共赢"作为中国处理国际事务的原则。随后又明确提出实施互利共赢的开放战略，增加国家间交往互利，实现双方共同繁荣和发展。党的十八大以来，党中央先后提出了"中国梦""亚洲梦""世界梦"，从推动"一带一路"倡议到构建人类命运共同体，中国正以实际行动证明，坚持包容、合作、走开放发展之路，在谋求发展的同时，兼顾国家间互信互惠，推动共同发展，共同进步。

二、开放发展理念对高质量发展的影响

1. 开放发展理念对河北省定位的影响

河北雄安新区规划建设是在实施京津冀协同发展国家战略的大背景下的产物，更是党中央推进区域协调发展的"雄安新区样板"。从河北雄安新区的设立初衷来看，其发展的目光绝不仅仅局限于新区自身，而是要通过河北雄安新区的设立打破行政藩篱，改变"一亩三分地"思想，从而带动京津冀地区的高度协同化和北京非首都功能的有序疏解。从这个意义上说，河北雄安新区的规划建设本身就是党中央解放思想、开放发展的产物。在推动区域经济协调发展、有效治理"大城市病"方面，河北雄安新区的设立从某种程度上借鉴了国外典型大都市新城规划建设的经验教训，要实现疏解北京非首都功能集中承

载地的目标，责任重大，使命清晰，就是要打造新时期开放发展的新地标，要深化体制机制改革，进一步扩大开放，吸引国际人才，开展国际合作，集聚创新要素，打造扩大开放新高地和对外合作新平台。

2. 开放发展理念对河北省规划的影响

进入 21 世纪，中国作为世界第二大经济体，既要有开放发展的自信，秉承开放发展的理念，维护全球自由贸易体系，带动建设开放型经济、开放型城市，又要有开放发展的自觉，主动适应世界经济增长方式的转型，从主要配置国内资源到配置国内国际两种资源，主动承担大国责任，走和平发展和绿色发展之路。

3. 开放发展理念对河北省建设的影响

河北省对我国传统的户籍制度和住房管理制度等都将进行深刻的变革，以利于吸引人才、留住人才。实现"两个一百年"奋斗目标的途径之一，就包括进一步拓展实现中华民族伟大复兴中国梦的发展空间，进一步拓展世界经济发展空间。习近平总书记在党的十八届五中全会上指出："开放发展注重的是解决发展内外联动问题。现在的问题不是要不要对外开放，而是如何提高对外开放的质量和发展的内外联动性。""我国对外开放水平总体上还不够高，用好国际国内两个市场、两种资源的能力还不够强，应对国际经贸摩擦、争取国际经济话语权的能力还比较弱，运用国际经贸规则的本领也不够强，需要加快弥补。"因此，解决开放问题中的内外联动、提高开放质量和效率、改善应对国际摩擦的能力是我国在开放维度应该努力的方向。

三、开放发展指标体系的构建原则

1. 综合性

在选择指标时，要充分反映和衡量被评估系统的各个方面、关键特征和发展状况，并广泛反映开放发展的现状和趋势。

2. 可行性

指标的选择应考虑到指标量化和数据取得的难易程度，利用现有的统计资料，选择有代表性的统计指标，具有可测性和可比性，每个指标都要有客观可行的资料来源、计算方法、指标数值。

3. 前瞻性

对内开放和对外开放的具体内容并非一成不变，而会随着时代的变迁不断丰富发展。随着我国开放进程的不断深入，与世界经济融合的程度不断加深，不同时间段的开放水平衡量会有不同的时期特点。本书的指标设计要充分考虑到我国现在所处的开放阶段和开放特点，设计具有与时俱进和前瞻性的指标。

4. 层次性

在本书中，指标的设计分为三个层次，三级指标。不同维度的指标构成了不同层次的衡量。它们可以从不同角度进行分析，结合宏观和微观、整体和具体。

四、河北省高质量发展开放发展指标体系构建

开放发展指标体系包括贸易开放和金融开放两个层次（见表3-4）。贸易开放包括进口依存度、出口依存度和外贸依存度三个指标。这三个指标是进口总额、出口总额和进出口总额分别除以GDP，反映了一个地区贸易开放程度。金融开放包括利用外资强度这个指标。利用外资强度是指实际利用外商直接投资额/GDP，反映了一个地区金融开放程度。

表3-4 河北省高质量发展之开放发展指标层次及指标解释

准则层	子准则层	方案层	指标解释及单位
开放发展	贸易开放	进口依存度 X22	进口总额/GDP（%）
		出口依存度 X23	出口总额/GDP（%）
		外贸依存度 X24	进出口总额/GDP（%）
	金融开放	利用外资强度 X25	实际利用外商直接投资额/GDP（%）

第五节　河北省高质量发展共享发展指标体系

让广大人民群众共享改革发展成果，是社会主义的本质要求，是社会主义制度优越性的集中体现，是我们党坚持全心全意为人民服务根本宗旨的重要体现。共享发展理念就是要让全体人民在共建共享发展中有更多的获得感，广大人民共同参与建设，各尽其能、各得其所、共同创造财富、共同分享社会福祉，同时，要保障人民群众的各项权益，真正解决关系人民群众工作、生活的各种问题，满足人民对幸福生活的憧憬。因此，共享发展既是社会主义建设的本质要求，也是构建河北省高质量发展的本质要求。

一、共享发展理念的理论基础

1. 共享发展植根于中国"天下大同"的传统文化和历史文脉

早在 2000 多年前，在《礼记礼运》中，孔子就提出了"大同""小康"社会的理想，孔子将大同世界描绘成一个理想之国，不可实现，而小康社会则较之低一层级，有可能成为现实社会。无论大同还是小康都体现了古人追求人人平等、人人幸福，消除世间不平等，共享发展的世界观。中国长达 2000 多年的封建社会统治，历代的农民起义都提出了反映社会发展不同阶段矛盾斗争的经济要求与政治主张，其经济思想的核心要义就是平均主义，这体现了中国老百姓追求政治上平等、经济上共享的千年梦想。近代，康有为的《大同书》对大同思想有了新的发展，其反对封建专制君主集权，提出集合众人智慧共同管理国家。孙中山先生提出了三民主义的主张，这都是共享发展理念在特定历史时期的具体表现。

2. 共享发展源于马克思科学社会主义的理论与实践

从世界范围来看，近代资本主义得到了大发展，资本主义的发展给人类带来了前所未有的经济增长和社会繁荣，但资本主义自身发展的同时也产生了更深的社会矛盾。伴随着资本主义的发展，各国人民对共同幸福的向往和追求一直也没有停止。在追求公平、公正的社会运动中，19世纪初期由莫尔、圣西门、欧文等提出了空想社会主义，主张建立消灭阶级压迫和剥削的乌托邦社会（Utopia），但作为一种不成熟的理论，这种主义只是反映了无产阶级的一些尚未明确的愿望。直到19世纪中期，马克思和恩格斯提出了科学社会主义的学说，社会主义第一次，也是真正意义上从空想变为科学。进入20世纪，科学社会主义的实践——十月革命，开辟了人类历史和社会发展的新纪元。这些社会主义的理论和实践都长期影响了我国新民主主义革命和社会主义的实践，为我国走上共享发展、共同富裕的社会主义道路指明了方向。

3. 共享发展来源于中国共产党人社会主义现代化建设的实践

中华人民共和国成立后，我国建立了人人平等的社会主义制度，为实现中国人几千年来"大同世界"的梦想奠定了基础。实现共同富裕是中国人长久以来的追求，更是中国共产党的光荣使命。1949年以来，毛泽东同志始终坚持共同富裕的社会主义理想，努力缩小工农、城乡、不同劳动者之间的发展与贫富差距，努力摆脱贫困，实现共同富裕。1979年，邓小平同志提出了建设小康社会的目标，并提出实现共同富裕两步走的路线图，明确了如何实现共同富裕的路径选择。党的十八大提出了"两个一百年"的伟大奋斗目标，在实现全体人民共同富裕的道路上走出了坚实的一步。党的十八届五中全会之后，中国共产党坚持推动共享发展，实施精准扶贫，在共产党的带领下，全国人民上下一心，攻坚克难，取得了全面建成小康社会的伟大胜利，在这一胜利成果的基础上，未来中国共产党将带领人民向着更高水平的共同富裕、共享发展不断前行。

二、共享发展理念对高质量发展的影响

1. 共享发展要求推动城乡共同富裕

共享发展要求全体人民能够共享改革成果，切实兼顾人民群众的利益，让人民有更多的获得感，最终实现全体人民的共同富裕。改革开放之初，邓小平同志创造性地引入"先富带动后富"分步实现共同富裕的设想，最大限度地激发了生产要素的内生动力，带来我国经济持续多年的快速发展。改革开放40多年来，我国的生产力水平有了较大的提升，我国社会的主要矛盾也已经从"落后的社会生产与日益增长的物质文化需求的矛盾"转化为"人民日益增长的美好生活需要和不平衡不充分的发展之间的矛盾"。这里的不充分、不平衡不但体现在数量方面，更体现在质量方面，我国主要社会矛盾的转化是习近平总书记在新时代的新论断，为实现共同富裕形成了理论上的指导。

2. 共享发展要求实现基本公共服务均等化

公共产品和公共服务是财政学研究的范畴，西方经济学中早有对公共产品的研究，我国1994年分税制改革以后，在财政转移支付中将公共服务均等化作为目标正式在理论界被提出，并进行了有益的实践。党的十九届五中全会提出，到2035年，我国人均国内生产总值达到中等发达国家水平，中等收入群体显著扩大，基本实现公共服务均等化，城乡区域发展差距和居民生活水平差距显著缩小。可见，公共服务均等化已经成为我国社会主义现代化事业的一项战略任务。

3. 共享发展要求创新社会治理体制

党的十八大以来，根据客观实际的变化，党的执政理念与时俱进，强化政府社会管理职能，实现了由社会管理到社会治理的飞跃，在户籍管理体制、社会信用体制、社会保障体制和城乡社区体制等方面做了很多工作，取得了一定的成绩。社会治理体制创新是构建社会主义健康和谐社会的主要手段，按照共享发展的理念，在高质量发展中应健全共享发展制度安排，加强改进党的领导，转变原来的单一的政府职能，整合社会管理资源，调动群众参与社会治理的内生动力，引导不同的社会组织、社会主体共同参与社会治理。政府在运用经济手段的同时还应综合运用行政管理手段、社会管理等，在经济政策和体制创新的同时，更加注重和运用社会治理创新的手段，为实现高质量发展奠定社会基础。

三、共享发展指标体系的构建原则

共享发展内涵丰富、涉及面广，构建共享发展指标体系需要多维度、多角度综合系统考量。共享发展要求人民实现经济、政治、文化、社会、环境等方面发展成果的共享，为了实现这一目标，共享发展指标体系的构建遵循以下原则：

1. 科学性原则

保证科学性是构建指标体系的基本前提，所设计的指标应建立在准确认识和充分研究的基础上，能够准确有效反映出有关内容的实际状况，数据来源可靠，计算方法规范，能够确保评价结果的真实性和客观性。

2. 系统性原则

保证系统性是构建指标体系的重要原则，要从共享发展涉及的经济、政治、文化、社会、环境等各领域系统选取有关指标，既要保证覆盖面，也要考虑指标的代表性，使指标联系起来形成一个有机整体，争取用尽可能少的指标全面反映和测度被评价领域的实际状况和发展趋势。

3. 可操作性原则

保证可操作性是构建指标体系的关键所在，选择指标前应充分考虑到指标量化、获取的难度，争取用尽可能低的成本取得最全面、最具代表性的指标，确保指标体系可采集、可量化、可对比，可操作性强。

四、河北省高质量发展共享发展指标体系构建

共享发展指标体系包括经济共享、社会共享与设施共享三个层次（见表3-5）。经济共享包括人均地区生产总值、城镇职工登记失业率和人均教育支出三个指标。社会共享包括每万人拥有医院、卫生院床位数和每万人在校大学生数两个指标。设施共享包括城市建设用地占市区面积比重、每万人拥有公共

汽车和人均城市道路面积三个指标。

表 3-5　河北省高质量发展之共享发展指标层次及指标解释

准则层	子准则层	方案层	指标解释及单位
共享发展	经济共享	人均地区生产总值 X26	地区生产总值/区域年平均总人数（元/人）
		城镇职工登记失业率 X27	失业人数/（从业人数+失业人数）（%）
		人均教育支出 X28	教育经费支出/总人口（元/人）
	社会共享	每万人拥有医院、卫生院床位数 X29	医院、卫生院床位数区域年平均总人数（张/万人）
		每万人在校大学生数 X30	普通高校在校大学生人数/区域年平均总人数（人/万人）
	设施共享	城市建设用地占市区面积比重 X31	建设用地/市区面积（%）
		每万人拥有公共汽车 X32	拥有公共汽车数量/区域年平均总人数（辆/万人）
		人均城市道路面积 X33	城市道路面积/区域年平均总人数（平方米/人）

第四章　河北省高质量发展统计分析

在中国经济由高速发展向高质量发展的阶段，怎样才能更好地推动经济高质量发展，成为地区经济发展的关键问题。京津冀协同发展、雄安新区建设为河北省高质量发展提供了重大机遇。河北省要聚焦落实京津冀协同发展、雄安新区建设等重大国家战略，优化提升四大战略功能区功能，实现区域均衡协调、互动融合发展。

作为沿海率先发展区的唐山位于河北省东部、华北平原东北部，毗邻北京和天津，地处华北与东北通道的咽喉要地，是京津唐工业基地中心城市、京津冀城市群东北部副中心城市。作为冀中南功能拓展区的石家庄是河北省省会、京津冀城市群的重要中心城市之一，也是河北省政治、经济、科技、信息和文化中心。作为环京津核心功能区的保定位于河北省中心地带，是京津冀地区的中心城市，正在加快建设创新保定、智造保定、山水保定、人才保定、文化保定，精心打造京津冀世界级城市群中的品质生活之城。

因此，依据高质量发展的五个维度指标体系，选择唐山、石家庄、保定三个城市作为代表，对河北省"十三五"期间高质量发展的创新发展、协调发展、绿色发展、开放发展与共享发展进行统计分析。

第一节　河北省高质量发展创新发展分析

一、唐山创新发展分析

创新是促进经济发展的第一动力，要实现经济的高质量发展的关键在于创新，经济创新发展方面分为创新投入和创新产出两个方面。在创新投入方面，加大了科学技术财政支出强度和 R&D 经费投入强度，由图 4-1 可以看出 2016 年科学技术财政支出额占财政支出总额的比重为 1.34%，到 2017 年下降到 1.07%，2018 年增加到 1.19%。之后科学技术财政支出额占财政支出总额比重呈上升的趋势，2020 年增加到 1.33%。R&D 经费支出占 GDP 比重呈上升趋

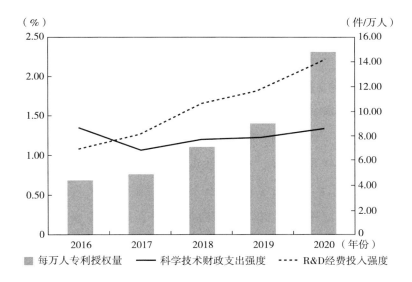

图 4-1　2016~2020 年唐山高质量发展创新投入情况

资料来源：历年《河北经济年鉴》《中国城市统计年鉴》。

势，2016~2020 年 R&D 经费支出占 GDP 比重从 1.08% 上升到 2.21%。每万人专利授权量也在不断增加，从 2016 年的 4.34 件增加到 14.71 件。这说明唐山的创新环境在不断优化，科研基础条件不断得到改善。

在创新产出方面，经济效率和劳动生产率均有提高。从图 4-2 可以看出唐山创新产出指标经济效率即地区生产总值增长速度在 2016~2018 年提升较快，由 2016 年的 6.80% 增加到 2018 年的 7.30%，受国内外环境影响，2020 年地区生产总值增长速度下降为 4.40%。

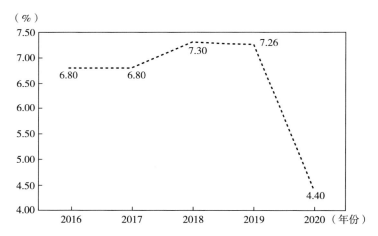

图 4-2　2016~2020 年唐山高质量发展创新产出经济效率情况

资料来源：历年《河北经济年鉴》《中国城市统计年鉴》。

从图 4-3 可以看出，唐山 2016~2020 年劳动生产率即 GDP/社会从业人员（城镇单位从业人数期末人数）也有所上升。此指标体现了就业人员创造社会财富的能力。唐山劳动生产率由 2016 年的 72.16 元/人上升到 2020 年的 93.43 元/人，增长了 29.48%。

从图 4-4 可以看出，资本生产率即 GDP/全社会固定资产投资占比呈下降趋势，从 2016 年的 1.28% 下降到 2020 年的 1.19%，资本生产率下降的主要原因是在 2016~2020 年 GDP 增长速度超过全社会固定资产投资的增长速度。

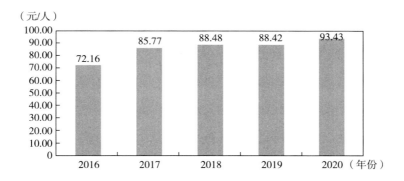

（元/人）

图4-3　2016~2020年唐山高质量发展创新产出劳动生产率情况

资料来源：历年《河北经济年鉴》《中国城市统计年鉴》。

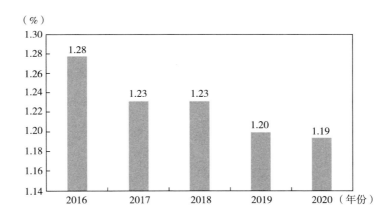

（%）

图4-4　2016~2020年唐山高质量发展创新产出资本生产率情况

资料来源：历年《河北经济年鉴》《中国城市统计年鉴》。

二、石家庄创新发展分析

根据"十四五"规划要构建新的发展格局，切实转变发展方式，推动质量、效率和动力变革，实现更高质量、更高效率、更加公平、更可持续和安全的发展。结合2035年远景目标，我们要坚持目标导向和问题导向相结合，坚持守正和创新相统一。发展作为解决我国一些问题的基础和关键，优化经济结构，提升创新能力，提高产业基础高级化和产业链现代化。所以，石家庄在经济高质量发展的过程中也应该把坚持创新发展作为城市高质量发展的基础和关键。

1. 创新投入分析

在创新发展方面，主要从创新投入和创新效率两方面入手。创新投入中包括科学技术财政支出强度、R&D 经费投入强度和每万人专利授权量。创新效率中包括经济效率、劳动生产率和资本生产率。

石家庄作为首批科技创新示范城市，在创新发展方面，尤其是在创新投入方面都呈现逐渐上升的趋势。从图 4-5 可以看出，科学技术财政支出强度是指科学技术财政技术财政支出额占财政支出总额占比，在 2016~2019 年有一定的回落，2020 年有所上升，达到 1.33%。2016 年的科学技术财政占财政支出总额的比重最大，为 1.70%；R&D 经费投入强度依靠 R&D 经费（内部）支出占 GDP 的比重来体现，在 2016~2019 年该项占比逐年增加，2017 年为 2.23%，

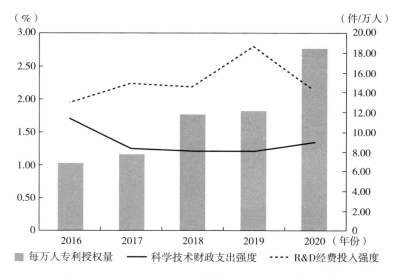

图 4-5　2016~2020 年石家庄高质量发展创新投入情况

资料来源：历年《河北经济年鉴》《中国城市统计年鉴》。

但是在 2018 年有小幅度下降，为 2.04%，2020 年下降为 2.13%，仅高于 2016 年的 1.95%；每万人专利授权量是专利授权量除以年末总人口数，在 2016~2020 年逐步上升，在 2019~2020 年有较大幅度的上升。在 2016~2019 年，无论是科学技术财政支出占财政支出总额的比重，还是 R&D 经费投入强度都是增加的，同时 2020 年的每万人专利授权量为 18.36 件/万人，较 2019 年上涨了 6.31 件/万人，这说明前期的科技创新投入在 2020 年有了一定的回报。虽然当期的创新投入并不会有快速的产出，但是作为一个科技创新示范城市，前期的创新投入是非常必要的。

2. 创新产出分析

创新产出中的经济效率依靠 GDP 增长速度来体现，即经济效率的趋势和 GDP 的增长速度一致。根据图 4-6 可知，2016~2018 年的石家庄经济增长速度呈逐步上升，2019 年石家庄经济增长速度开始下降，2020 年受国内外环境影响，下降到 3.85%。随着供给侧结构性改革的不断深入，着力解决经济社会发展中存在的深层次结构性矛盾和问题，不断提高经济发展的质量和效益，加速经济的转型升级，努力建设成为高质量发展城市。

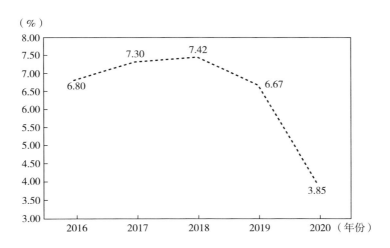

图 4-6　2016~2020 年石家庄高质量发展创新产出经济效率情况

资料来源：历年《河北经济年鉴》《中国城市统计年鉴》。

所以石家庄开始坚持创新驱动发展、调整产业结构、进行机制改革，不断培育和发展新动能。例如，把钢铁、水泥等产能过剩行业进行搬迁并减少产能；重点消化商品办公类用房库存以及重点落实"营改增"各项税收优惠政策，扩大中小企业规模，尤其是科技创新型企业的规模、降低企业成本等。所以 2017 年和 2018 年的 GDP 增长速度有了较明显的上升，在 2018 年达到 7.42%。

劳动生产率作为 GDP 与社会从业人员的比例，从图 4-7 可以看出，石家庄在 2016~2018 年的劳动生产率逐渐上升，但在 2019 年下降明显，从 2018 年的 63.38 元/人，下降到 2019 年的 54.33 元/人。这说明每个社会从业人员所创造的 GDP 有所下降。在不断深化供给侧结构性改革的发展中，科技创新型企业的从业人员越来越多，他们所创造出的经济价值也在整个经济增长中占有重要地位。

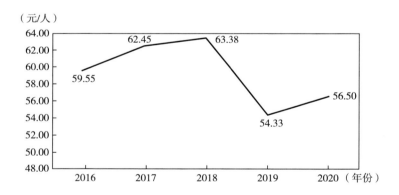

图 4-7　2016~2020 年石家庄高质量发展创新产出劳动生产率情况

资料来源：历年《河北经济年鉴》《中国城市统计年鉴》。

资本生产率是 GDP 与全社会固定资产投资的比值，也就是一年内单位资本存量创造出的 GDP，其数值越大，投资效率也就越高。从图 4-8 可以看出，2016~2019 年资本生产率有了较大程度的回落，2020 年出现明显上升，达到

1.18%。出现这种变化的主要原因是经济增长速度减慢。2017～2019 年的资本
生产率下降则说明在经济增长中社会固定资产投资贡献的力量较小，即更多的
资本投资并没有转化为经济增长的动力。所以，我们需要在未来的发展中提高
社会固定资产投资对经济增长的贡献。

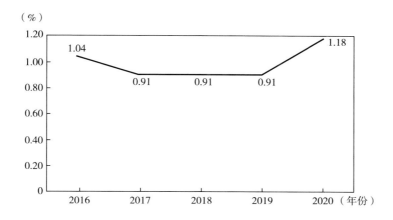

图 4-8　2016～2020 年石家庄高质量发展创新产出资本生产率情况

资料来源：历年《河北经济年鉴》《中国城市统计年鉴》。

在产业转型升级推进高质量发展的背景下，石家庄市投资结构出现积极变
化。高新技术产业投资增长快。同时河北省科学技术厅将石家庄市七个县
（区）名列其中，分别为石家庄市鹿泉区、新华区、裕华区、正定县、桥西
区、栾城区、藁城区确定为 A 类，这主要取决于石家庄市以支撑县域经济高
质量发展为目标，积极支持石家庄市县域科技创新能力提升工作，引导各县
（市、区）在创新投入、创新主体、创新条件、创新产出、创新管理等方面对
标先进，进一步加大力度，努力开创县域科技创新工作新局面，为建设现代省
会、经济强市提供科技支撑。

三、保定创新发展分析

创新发展处于创新、协调、绿色、开放、共享五大发展理念中的核心地

位。一个地区要想解决制约经济社会发展的关键问题，就需要依靠创新为持续发展提供强大动力。通过人才创新、科技创新一方面可以提高保定市经济增长的质量和效益，加快转变经济发展方式，提高企业的竞争力；另一方面也可以降低资源消耗和环境污染，为建设"美丽保定，美丽河北，美丽中国"具有长远意义。本书将创新发展分为创新投入和创新产出两个维度去评价保定市的创新发展能力。

1. 创新投入分析

创新投入通过科学技术财政支出强度、R&D 经费投入强度和每万人专利授权量三个指标来衡量保定市的创新投入情况。创新投入反映了创新的人力财力投入情况和企业创新主体中发挥关键作用的部门建设情况，体现了该地区对创新发展的重视程度。

科学技术财政支出强度是指科学技术财政支出额占财政支出总额的比重，反映了政府对保定市科学技术投入的支持力度。从图 4-9 中可以看出，2016~

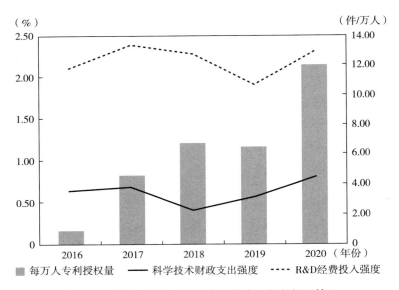

图 4-9　2016~2020 年保定高质量发展创新投入情况

资料来源：历年《河北经济年鉴》《中国城市统计年鉴》。

2020 年科学技术财政支出强度处于相对一个稳定的状态，2017 年为 0.67%，但是 2018 年下降到了 0.4%，之后逐步上升，2020 年达到 0.80%。总体来说科学技术财政支出强度不足，创新氛围不够，创新能力有待提升。

R&D 经费投入强度指 R&D 经费（内部）支出占 GDP 的比值，是实际用于基础研究、应用研究和试验发展的经费支出，评价地区的科技实力和核心竞争力。保定市的 R&D 经费投入强度呈不断加大的趋势，2016 年该指标值为 2.10%，2020 年上升到了 2.30%，提高了 0.2 个百分点。据《河北经济年鉴》，2015 年保定市的 R&D 经费投入强度仅次于唐山市，更是在 2016～2018 年连续三年跃居河北省 11 个市第一，对提升保定市经济和科技竞争力具有重要作用。

每万人专利授权量是用专利授权量比年末总人口数，从图 4-9 可以看出，保定市的每万人专利授权量总体呈快速增长，由 2016 年的 0.83 提升到 2020 年的 11.96，说明保定市的自主创新能力较强。专利是一种无形的知识财产，侧面也说明了当地人才资源丰富，将理论应用于实践的能力强，将政府的资金支持用到了实处。但是 2020 年保定市的每万人专利授权量落后于石家庄市、唐山市、秦皇岛市和沧州市。因此从河北省整体来看，保定市与其他省市存在着一定的差距，需要继续加强科研产出质量和提高市场应用水平。

2. 创新产出分析

创新产出通过经济效率、劳动生产率和资本生产率三个指标衡量保定市地区的创新产出能力。创新产出和创新投入是相对应的，后者反映了资金、人力、资源和经费的支持力度，前者是在后者的基础上得到理想的成果。因此，创新产出也是衡量该地创新能力的高低。

经济效率代表着一个地区生产总值增长速度，反映了一定时期内社会最终成果的实物量规模的变动情况。

从图 4-10 可以看出，2016～2020 年保定市经济效率总体呈下降趋势。2016 年经济增长速度为 7.20%，超越了石家庄市，但依旧排在沧州市、廊坊市和衡水市之后。2017 年下降了 0.16 个百分点，其他城市均有赶超之势。2018 年保定市上升了 0.1 个百分点，但被石家庄市、唐山市、邢台市和张家口市超越。因此，保定市的经济效率仍旧需要提高，在注重数量的同时，也要加大技术的更新重视质量和提高效率。和其他市存在差距是明显的，但超越机会也是有很多的。

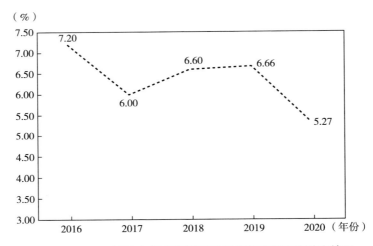

图 4-10 2016~2020 年保定高质量发展创新产出经济效率情况

资料来源：历年《河北经济年鉴》《中国城市统计年鉴》。

资本生产率的稳定有利于促进经济增长；同时，经济增长也有利于提高资本生产率。从图 4-11 可以看出，2016~2020 年保定市资本生产率维持在 1.0~1.2，是比较稳定的。劳动生产率是 GDP 占社会从业人员（城镇单位从业人员期末人数）的比值。资本生产率是 GDP/全社会固定资产投资。保定市劳动生产率呈现上升趋势。从图 4-11 可以看出，保定市的劳动生产率呈逐年上升趋势，从 2016 年的 34.56 元/人上升到 2020 年的 52.61 元/人。但与其他城市相对，保定市依旧有很大的上升空间。2020 年唐山市的劳动生产率已经达到 93.43，保定市只有 52.61，约是唐山市的一半，可能在企业生产技术水平、经营管理水平、职工技术熟练程度和劳动积极性等方面有待提高。

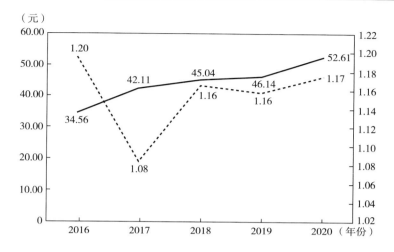

图4-11　2016~2020年保定资本生产率和劳动生产率变化情况

资料来源：历年《河北经济年鉴》《中国城市统计年鉴》。

总之，保定市的创新发展稳中有升，与其他地区相比存在一定的差距，上升的空间较大，尤其保定市的科学技术财政支出强度、每万人专利授权量、劳动生产率有待提高。但保定市R&D经费投入强度还是不错的，资本生产率也是稳定的。保定市应该继续积极推进创新改革实验，培育创新发展新模式，注重成果转化效果，出台一系列针对专利申请的优惠政策和加大资金支持力度。

第二节　河北省高质量发展协调发展分析

一、唐山协调发展分析

落实协调发展理念是加快全面建成小康社会的重要保障。协调发展理念是引导我国经济社会健康可持续发展的关键，在经济社会协调、城乡协调、文明协调发展方面，唐山市在 2016~2020 年均有进步。

1. 经济社会协调分析

在经济社会协调方面（见图 4-12），2016~2020 年唐山产业结构高级化即第三产业生产总值占 GDP 的比重大体上呈上升趋势。教育支出强度保持在 20% 左右，这说明唐山第三产业对经济发展的贡献进一步提升，产业结构更趋优化，新旧动能转换呈现新气象。

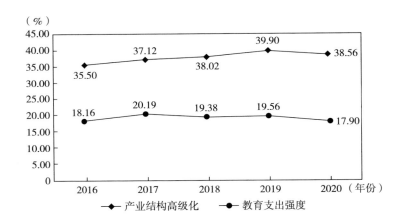

图 4-12　2016~2020 年唐山高质量发展协调发展之经济社会协调发展情况

资料来源：历年《河北经济年鉴》《中国城市统计年鉴》。

2. 城乡协调分析

在城乡协调发展方面，唐山城镇化率在不断稳定提高（见图 4-13），由 2016 年的 60.41% 提升到 2020 年的 64.32%。城乡收入差异系数为农村居民人均纯收入/城市居民人均可支配收入，数字越大，表示城乡收入差距越小。唐山城乡收入差异系数由 2016 年的 0.3515 提升到 2020 年的 0.4666（见图 4-14），表明 2016~2020 年唐山城乡居民收入差异也在不断缩小。

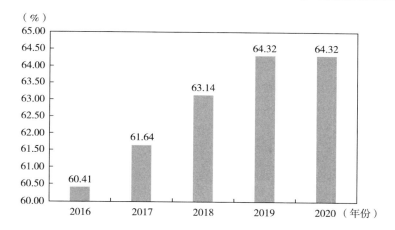

图 4-13　2016~2020 年唐山高质量发展城乡协调中的城镇化率情况

资料来源：历年《河北经济年鉴》《中国城市统计年鉴》。

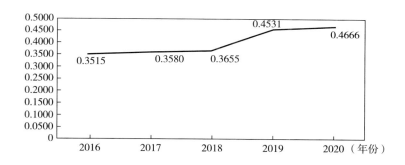

图 4-14　2016~2020 年唐山高质量发展城乡协调中的城乡居民收入差异系数

资料来源：历年《河北经济年鉴》《中国城市统计年鉴》。

3. 文明协调分析

在文明协调方面，主要考虑的是互联网宽带接入数和公共图书馆藏书的数量两个指标，由图 4-15 可以看出，每百人互联网宽带接入数从 2016 年的 29户增加到 2020 年的 36 户，每百人公共图书馆藏书由 2016 年的 33 册增加到2020 年的 96 册，增长近 3 倍，这说明文明协调程度在不断增强。

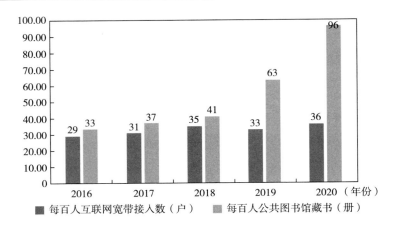

图4-15 2016~2020年唐山高质量发展文明协调情况

资料来源：历年《河北经济年鉴》《中国城市统计年鉴》。

二、石家庄协调发展分析

1. 经济社会协调分析

对于石家庄的经济社会协调发展的评价包括产业结构高级化和教育支出强度两个方面。其中产业结构高级化是第三产业增加值占GDP的比重，它表示第三产业在经济增长中的占比。从图4-16可以看出，石家庄市的产业结构高级化程度逐年上升，在2020年第三产业增加值已经占GDP的65.15%。这说明在供给侧结构性改革的过程中，如高污染、高能耗的第二产业逐步被第三产业替代，即石家庄市的产业结构正在逐渐优化，变得更加合理。

教育支出强度是教育支出占地区一般公共预算支出的比重。从图4-16可以看出，2016~2020年石家庄教育支出强度始终在20%上下变动，这说明石家庄市对于教育的支出基本随公共预算支出上下浮动，基本维持在20%的比重。这样既可以保证教育支出的充足又可以保障其他支出的充足。

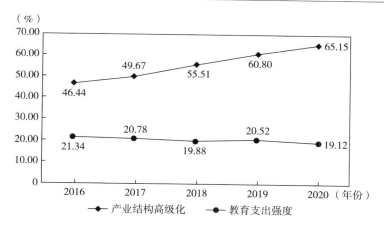

图 4-16 2016~2020 年石家庄高质量发展协调发展之经济社会协调发展情况

资料来源：历年《河北经济年鉴》《中国城市统计年鉴》。

2. 城乡协调分析

城乡协调是推进城镇化和城乡协调发展的重要问题，从图 4-17 可以看出，2016~2020 年，石家庄市的城镇化率逐年上升，2020 年达到 70.64%。

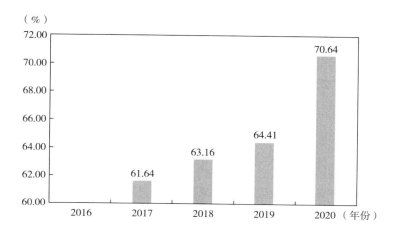

图 4-17 2016~2020 年石家庄高质量发展城乡协调中的城镇化率情况

资料来源：历年《河北经济年鉴》《中国城市统计年鉴》。

城乡居民收入差异系数在 2016~2020 年逐渐上升，由 2016 年的 0.4053 上升到 2020 年的 0.4211（见图 4-18），这说明城乡居民的收入差距正在缩小。

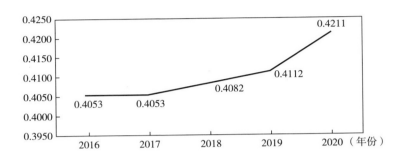

图 4-18　2016~2020 年石家庄高质量发展城乡协调中的城乡居民收入差异系数

资料来源：历年《河北经济年鉴》《中国城市统计年鉴》。

所以在石家庄推行城镇化发展的过程中，首先要解决的问题就是如何妥善解决农村人口市民化这一问题。如果不能保证农民进城后享受和市民一样的待遇，这必然会导致城镇化的倒退或者导致社会不稳定情况的出现。而在协调城乡发展的过程中，也应该对农民收入特别关注。如果在未来的发展中，城乡居民收入差距越拉越大，就必然会导致社会的动荡，也不符合以人为核心的发展理念。

3. 文明协调分析

在协调发展中文明协调是建设高质量城市在精神文明建设中的重要部分。不管是每百人公共图书馆藏书，还是互联网宽带接入数都说明了石家庄市在文化发展方面的努力。从图 4-19 可以看出，2016~2020 年每百人互联网接入数持续上升，每百人互联网宽带接入数 2020 年比 2016 年增加了 10 户；每百人公共图书馆藏书基本稳定，每百人公共图书馆藏书 2020 年比 2016 年增加了 3 册。这是因为我国互联网的普及以大数据时代的来临，越来越多的人开始在互联网上学习和工作，纸质书籍的阅读量越来越少，加之图书馆也在积极拥抱数字化，所以每百人公共图书馆藏书数量的增长较少。

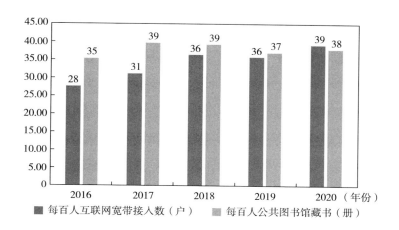

图 4-19 2016~2020 年石家庄高质量发展文明协调情况

资料来源：历年《河北经济年鉴》《中国城市统计年鉴》。

三、保定协调发展分析

新发展理念把协调发展放在我国发展全局的重要位置，坚持统筹兼顾、综合平衡，正确处理发展中的重大关系，补齐短板、缩小差距，努力推动形成各区域各领域欣欣向荣、全面发展的景象。保定市的协调发展从经济社会协调、城乡协调和文明协调三个方面进行分析。

1. 经济社会协调分析

在经济社会的发展过程中，如果只注重经济发展和消费的增长，而忽视资源的合理利用，忽视对环境的保护，就等于竭泽而渔，因此就要强调经济社会的协调发展。在促进经济发展的同时，要注意社会和谐、精神文明、环境保护等方面的共同促进，加快建设资源节约型、环境友好型社会。接下来会从产业结构高级化和教育支出强度来分析保定市的经济社会协调发展情况。

产业结构高级化是指第三产业增加值占 GDP 的比重。第三产业基本是一种服务性产业。第三产业的快速发展有利于扩大就业，加快经济发展，提高人们生活水平。从图 4-20 可以看出，保定市的第三产业占比不断加大，由 2016 的 38.61% 提升到 2020 年的 55.23%，和省内其他地区基本持平。这说明保定市产业结构的不断优化，加大了工业的升级转型和传统产业的改造升级，培育新技术、新业态、新模式，推进了产业基础高级化和产业链现代化，促进了经济社会的协调发展。

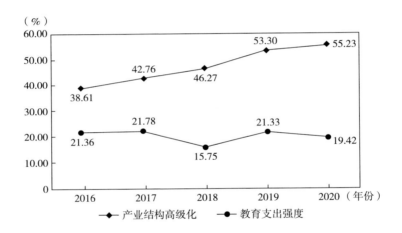

图 4-20　2016~2020 年保定高质量发展协调发展之经济社会协调发展情况

资料来源：历年《河北经济年鉴》《中国城市统计年鉴》。

教育支出强度指教育支出占地区一般公共预算支出的比重，2016~2020 年基本稳定在 20% 左右，但 2018 年比 2017 年减少了 6.03 个百分点（见图 4-20）。因此保定市还需调整财政支出结构、加大对教育的投入、坚持开源节流、注重资金投入的同时也要关注资金管理、优化教育资源的配置，使投入发挥出最大的效益。

2. 城乡协调分析

统筹城乡经济社会发展，是保持国民经济持续快速健康发展的客观要求。

当前，我国经济社会生活中存在的许多问题和困难都与城乡经济社会结构不合理有关，农村经济社会发展滞后已经成为制约国民经济持续快速健康发展的最大障碍。接下来用城镇化率和居民收入差异系数来分析保定市的城乡协调发展。

保定市的城镇化率和居民收入差异系数都是逐年增加的。从图 4-21 可以看出，保定市的城镇化率由 2016 年的 49.11% 上升到 2020 年的 57.14%。城镇化率的上升说明城镇人口的增加，农村人口相对地减少，保定市的城镇化水平不断提高，这也从侧面反映了人民生活水平的提高。

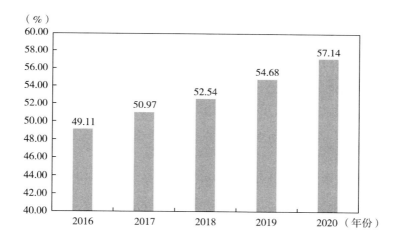

图 4-21　2016~2020 年保定高质量发展城乡协调中的城镇化率情况

资料来源：历年《河北经济年鉴》《中国城市统计年鉴》。

居民收入差异系数是通过农村居民人均可支配收入和城市居民人均可支配收入的比值计算的，系数变大说明农村居民相对于城市居民的人均可支配收入变多，农村居民消费水平不断提高，贫富差距在缩小。从图 4-22 可以看出，保定市居民收入差异系数 2016~2018 年缓慢上升，2019~2020 年快速上升，说明保定市城乡收入差距不断缩小。总体来说，保定市的城乡协调发展成效显著，未来趋势向好。

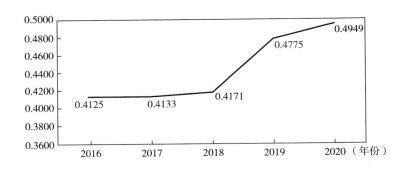

图 4-22　2016~2020 年保定高质量发展城乡协调中的居民收入差异系数情况

资料来源：历年《河北经济年鉴》《中国城市统计年鉴》。

3. 文明协调分析

在我国经济发展水平和综合国力不断提高的条件下，人民群众的精神生活的需求越发呈现出多样化、差异化特征。接下来用每百人互联网宽带接入数和每百人公共图书馆藏书衡量保定市的文明协调发展。

保定市的每百人互联网宽带接入数和每百人公共图书馆藏书总体趋势都是上升的（见图 4-23）。每百人互联网宽带接入数从 2016 年的 24 户上涨到 2020 年的 39 户，增速 62.5%。每百人公共图书馆藏书从 2016 年的 18 册上涨到 2020 年的 28 册，增速 55.6%。与前面唐山、石家庄相比，保定的每百人公共图书馆藏书远远落后于这两个城市。由此可知，保定市公共服务资金支持力度不足，相关配套政策不够完善，社会建设方面有待改善，尤其要加大图书馆藏书的资金支持，将资金运用到位满足居民日益增长的精神文明需求。

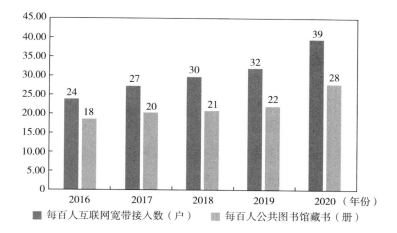

图4-23 2016~2020年保定高质量发展文明协调情况

资料来源：历年《河北经济年鉴》《中国城市统计年鉴》。

第三节 河北省高质量发展绿色发展分析

一、唐山绿色发展分析

绿色发展方面主要集中在节能减排和生态环保两个方面。

1. 减能减排分析

在节能减排方面，2016~2020年唐山市万元GDP固定废弃物排放量、万元GDP电耗、万元GDP废水排放量、万元GDP废气排放量等都呈下降的趋势（见图4-24、图4-25）。从图4-24可以看出，2016~2020年唐山市万元GDP耗能/耗电除个别年份有所增加外，均呈下降趋势。

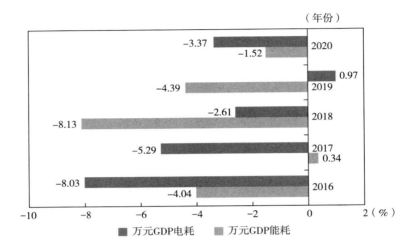

图 4-24 2016~2020 年唐山高质量发展绿色发展节能减排中的万元 GDP 耗能/耗电情况

资料来源：历年《河北经济年鉴》《中国城市统计年鉴》。

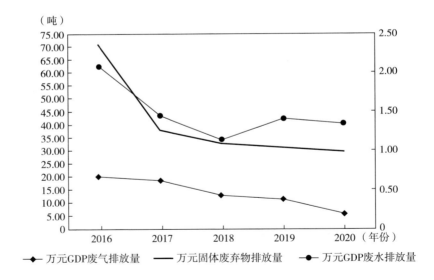

图 4-25 2016~2020 年唐山高质量发展绿色发展中节能减排的万元 GDP 排放量况

资料来源：历年《河北经济年鉴》《中国城市统计年鉴》。

由图 4-25 可以看出，2016~2020 年唐山万元 GDP 排放量也呈现下降趋势。万元 GDP 废水排放量由 2016 年的 2.09 吨下降为 2020 年的 1.34 吨；万元 GDP 废气排放量由 2016 年的 19.74 吨下降为 2020 年的 5.80 吨；万元 GDP 固体废弃物排放量由 2016 年的 70.48 吨下降为 2020 年的 29.63 吨。这说明 2016~2020 年唐山市在节能减排方面取得了不错的成绩，很好地实现了绿色发展。

2. 生态环保分析

在生态环保方面，建成区绿化覆盖率和一般工业固体废弃物综合利用率均有所提高，城市污水集中处理率和生活垃圾无害化处理率基本实现 100%（见图 4-26）。这说明虽然唐山作为重化工业城市，但是近几年对污染的防治成效比较显著，是对于绿水青山就是金山银山理念的践行。

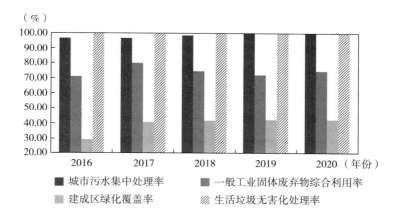

图 4-26 2016~2020 年唐山高质量发展绿色发展中生态环保情况

资料来源：历年《河北经济年鉴》《中国城市统计年鉴》。

二、石家庄绿色发展分析

推动绿色发展，尊重自然、顺应自然、保护自然，坚持节约优先和保护优先。绿色发展是全面把握新发展阶段的新任务要求，我们在建设城市高质量发展的过程中，要坚定不移贯彻新发展理念、构建新发展格局，在统筹发展和安全，把保护环境摆在突出的位置，推动经济高质量发展，可持续发展，石家庄在建设高质量城市的过程中，着力改革创新、推动经济社会高质量发展作表率。石家庄绿色发展包括节能减排和生态环保两部分。

1. 节能减排分析

从图 4-27 可以看出，石家庄在 2016~2020 年每万元 GDP 的耗电和耗能都在逐渐下降，而且电耗和能耗下降的速度也是逐渐放缓的。虽然电耗的下降速度较为稳定，基本维持在 6.5% 左右，但是能耗的下降速度越来越慢，下降率由 2016 年的 4.22% 减少到 2018 年的 1.4%，从整体来看下降速度逐渐放缓。这也是因为随着供给侧结构性改革的深入，越来越多的高能耗企业进行了产业和结构调整，向着环保和可持续发展的模式努力。

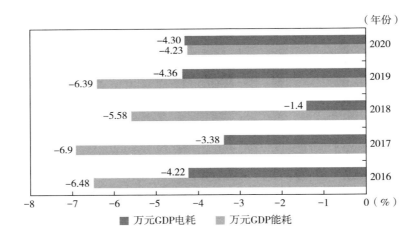

图 4-27　2016~2020 年石家庄高质量发展绿色发展节能减排中的

万元 GDP 耗能/耗电情况

资料来源：历年《河北经济年鉴》《中国城市统计年鉴》。

从图 4-28 可以看出，2016~2020 年石家庄市在节能减排中每万元 GDP 废气、废水和固体废弃物排放量也是逐渐下降的。万元 GDP 废水排放量由 2016 年的 2.20 吨下降为 2020 年的 1.26 吨；万元 GDP 废气排放量由 2016 年的 14.48 吨下降为 2020 年的 1.71 吨；万元 GDP 固体废弃物排放量由 2016 年的 8.89 吨下降为 2020 年的 4.50 吨。石家庄在 2015 年就根据新的《中华人民共和国环境保护法》对某企业非法排污进行了河北省的处罚，所以石家庄对节能减排，尤其对废弃物排放的监管十分重视。

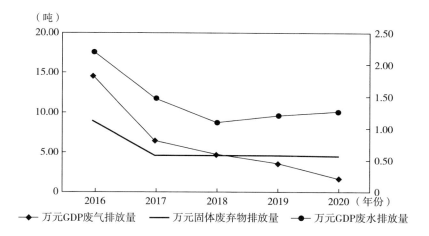

图 4-28　2016～2020 年石家庄高质量发展绿色发展中节能减排的万元 GDP 排放量况

资料来源：历年《河北经济年鉴》《中国城市统计年鉴》。

2. 生态环保分析

根据图 4-29 可以看出，2016～2020 年石家庄市生态环保方面的四个指标的变化程度，城市污水集中处理率在逐年上升，并且在 2020 年已经达到了 99.84%，这说明在未来几年石家庄市在城市污水处理方面基本可以实现全覆盖。同时，生活垃圾无害化处理率在 2017 年实现了 100%，并且在 2018～2020 年继续保持全部的生活垃圾都进行无害化，这对于整个城市的生活质量和高质量发展都有十分重要的意义。但是我们也要看到在生态环保中的另外两个指标：一般工业固体废弃物综合利用率和建成区绿化覆盖率在 2018 年都呈现出下降的趋势，尤其是一般工业固体废弃物综合利用率在 2018 年下降了 10% 左右。出现这样的情况，一个很大的因素是在供给侧结构性改革的过程中一些有能力处理工业固体废弃物并综合利用的企业的转移，以及企业在处理工业固体废弃物的技术能力不足或者是因为成本过高，导致这一指标出现大幅度下降。另外对于建成区绿化覆盖率的下降，较大原因是在城市快速发展的过程中土地资源变得更加珍贵，政府为了获得更多的财政收入会牺牲一些绿化土地。所以为了石家庄市在经济和绿色高质量发展，政府应该协调好建设用地和绿化用地的关系，在保证经济健康增长的同时也要保证环境优美、提高人民生活质量。

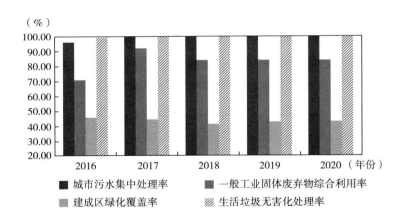

图 4-29　2016~2020 年石家庄高质量发展绿色发展中生态环保情况

资料来源：历年《河北经济年鉴》《中国城市统计年鉴》。

三、保定绿色发展分析

党的十七届五中全会强调要坚持把建设资源节约型、环境友好型社会作为加快转变经济发展方式的重要着力点，加大生态和环境保护力度，提高生态文明水平，增强可持续发展能力，具有重要的理论与现实意义。绿色发展通过节能减排和生态环保两个维度进行划分，用九个指标对保定市的绿色发展进行分析。

1. 节能减排分析

万元 GDP 能耗和万元 GDP 电耗分别代表每万元 GDP 需要消耗的能源和电能，正号代表上升，负号代表下降。从图 4-30 分析中可以看出，保定市万元 GDP 能耗一直是负值，说明 2016～2020 年对能源的消耗是下降的，万元 GDP 能耗下降意味着保定市在扎实推动生态文明建设方面，取得了一定的成效，保定市在保持经济平稳健康增长的同时，万元 GDP 能耗呈持续下降趋势，是绿色发展理念落地生根的具体体现，也是主动调整经济结构的结果。但值得注意的是，虽然 2018～2020 年万元 GDP 电耗是负值，但是万元 GDP 电耗在 2016～2017 年连续两年是正值，代表了每万元 GDP 消耗电能的上升。2016～2018 年唐山市、邯郸市、石家庄市和秦皇岛市每万元 GDP 电耗始终是下降趋势，保定市与这四个城市的差距也是显而易见的，因此在电能节约和电能消耗结构方面有待完善和优化。

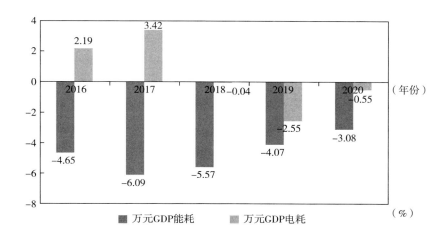

图 4-30　2016～2020 年保定高质量发展绿色发展万元 GDP 能耗/电耗情况

资料来源：历年《河北经济年鉴》《中国城市统计年鉴》。

万元 GDP 废水排放量、亿元 GDP 废气排放量和亿元固体废弃物排放量用来表示每万元 GDP 废水、每亿元废气和固体废弃物的排放。从图 4-31 可以看出，2016~2020 年保定市万元固体废弃物排放量均呈下降趋势，但万元 GDP 废气排放量和万元 GDP 废气排放量在 2019~2020 年又有所提升。随着环保督察力度进一步加大，加大产业结构和能源结构调整力度，带动了重点耗能工业企业能耗持续下降。这主要归功于保定市各部门持续推进钢铁等高耗能行业化解过剩产能，认真开展专项节能监察以及严格推行能耗限额标准等。总之，保定市在节能减排方面成效显著。

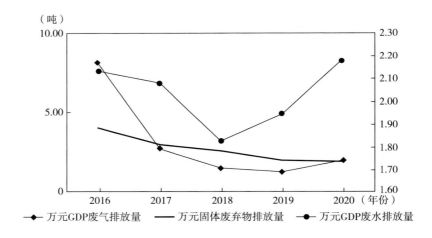

图 4-31　2016~2020 年保定高质量发展绿色发展中节能减排的万元 GDP 排放量情况

资料来源：历年《河北经济年鉴》《中国城市统计年鉴》。

2. 生态环保分析

生态环保通过城市污水集中处理率、一般工业固体废物综合利用率、建成区绿化覆盖率和生活垃圾无害化处理率四个指标进行衡量。

通过保定市 2016~2020 年这五年的数据指标（见图 4-32）发现，保定市治理环境污染治理效果明显。城市污水集中处理率、建成区绿化覆盖率和生活垃圾无害化处理率都是呈上升趋势的。其中 2016～2020 年城市污水集中处理率和生活垃圾无害化处理率始终维持在 90% 以上，污水和生活垃圾的无害化处理为企业和居民日常经营和生活带来了便利，利于促进经济增长模式从重化工、大投资驱动向生态环保服务业和消费拉动转变，向资源节约型、环境友好型转变。一般工业固体废弃物综合利用率不太稳定，其指标在 2016 年超过了 90%，但是在 2017 年下降到 40% 左右，下降幅度为 57.51%，随后 2018～2020 年又提升到 76%。保定市应该将一般工业固体废弃物综合利用率维持在稳定的状态。而且保定市的绿化覆盖率偏低，绿化对生态环保和节能减排都是有重要作用的，保定市应提高绿化覆盖程度，加强生态环境涵养保护、持续推进环境污染治理、倡导低碳生产生活方式、健全生态文明建设制度等方面的一系列创新举措，进一步扩展市绿色生态空间，提升市民的绿色福祉。

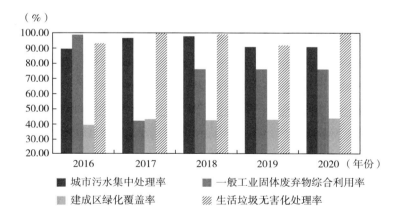

图 4-32　2016～2020 年保定高质量发展绿色发展的生态环保情况

资料来源：历年《河北经济年鉴》《中国城市统计年鉴》。

第四节 河北省高质量发展开放发展分析

一、唐山开放发展分析

开放发展主要集中在两个方面,贸易开放和金融开放。在贸易开放方面,2016~2020 年唐山市的外贸依存度呈先下降后上升趋势。由图 4-33 可以看出,特别是 2018 年唐山市进口依存度、出口依存度、外贸依存度处于这五年最低水平。这说明唐山还需要加强外贸发展,加大开放发展程度。

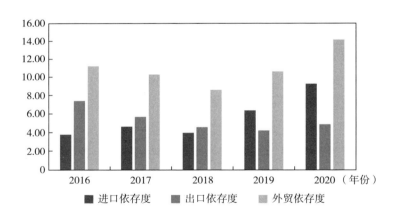

图 4-33 2016~2020 年唐山高质量发展开放发展中贸易开放情况

资料来源:历年《河北经济年鉴》《中国城市统计年鉴》。

在金融开放方面,从图 4-34 可以看出唐山实际使用外资金额/GDP 的比重有小幅度的增长,这说明唐山在引进外资方面还有进步的空间。

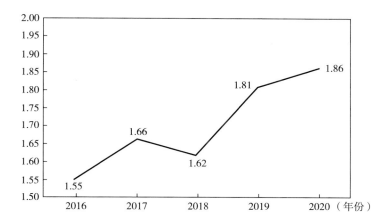

图 4-34 2016~2020 年唐山高质量发展开放发展中金融开放情况

资料来源：历年《河北经济年鉴》《中国城市统计年鉴》。

二、石家庄开放发展分析

开放是推动城市高质量发展的强大引擎，不断深入观察落实石家庄市的贸易开放和金融开放，在客观科学分析当前形势的基础上，进一步扩大在贸易和金融两方面的开放，全面提升石家庄市的对外开放层次和水平，为加快建设现代化省会城市和高质量发展城市提供有力的支撑。

在石家庄市贸易开放指标体系中有三个指标，分别是外贸依存度、出口依存度和进口依存度。外贸依存度是进出口总额占 GDP 的比重；出口依存度和进口依存度分别是出口总额或者进口总额占 GDP 的比重。从图 4-35 中可以看出，三者在 2016~2020 年的变化趋势大致相同，都是在 2018 年有小幅度下降，在 2019~2020 年又有较快上升。在 2019 年和 2020 年石家庄外贸的依存度分别为 20.29% 和 22.60%，石家庄市利用自身作为交通枢纽的优势以及其产业优势，在贸易开放中不断提升自己，而且相对于进口，石家庄更多的是依靠出口来带动经济增长。

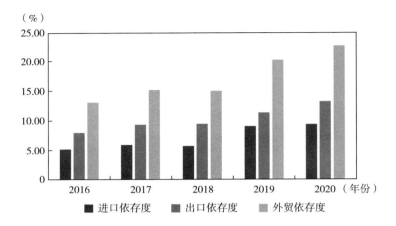

图 4-35　2016~2020 年石家庄高质量发展开放发展中贸易开放情况

资料来源：历年《河北经济年鉴》《中国城市统计年鉴》。

　　金融开放在开放发展中具有十分重要的意义，金融业的开放可以吸引更多的外资进入石家庄，积极与银行、证券、保险、基金等进入机构接触，给金融业带来更多的活力。从图 4-36 中可以看出，在 2016~2017 年有小幅度的上升

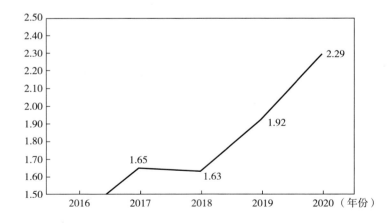

图 4-36　2016~2020 年石家庄高质量发展开放发展中金融开放情况

资料来源：历年《河北经济年鉴》《中国城市统计年鉴》。

趋势，但是在 2017~2018 年有较小的回落，2018~2020 年又有较快上升。整体看来石家庄在利用外资的强度基本呈现上升趋势。这是因为在 2016 年石家庄市积极构建金融创新开发区，并努力将其打造成为"河北省金融中心"。随着我国金融开放程度的不断深入，越来越多的国外资本流入我国，作为河北省省会城市，石家庄应该以更加积极的姿态去迎接金融开放，拥抱金融开放。因为只有这样才能更好地利用外资去发展自身经济，同时提升自身对于金融市场的监管，在保证经济安全的情况下，更好地利用外资。从整体来看，石家庄市在开放发展中的特征为进出口规模继续扩大，利用外资稳步增长。

三、保定开放发展分析

保定市的高质量发展开放发展情况从贸易开放和金融开放进行，利用进口依存度、出口依存度和外贸依存度三个指标分析其贸易开放，利用外资强度分析其金融开放。

进口依存度、出口依存度和外贸依存度分别是用进口总额、出口总额和进出口总额占 GDP 的比值，反映一个地区对国际市场的依赖程度，是衡量对外开放程度的重要指标。

由图 4-37 可以看出，保定市的进口依存度在 1%~3% 浮动，它的出口依存度和外贸依存度在 2016~2020 年呈现出先下降后上升再下降的趋势，并且第二次下降幅度小于第一次下降幅度。总体来说，呈波浪状上涨趋势，并不稳定，而且依存度较低。保定市外贸依存度与唐山、石家庄等城市存在较大的差距，说明保定市在经济发展中越来越重视对外贸易，但没能充分利用自有资源优势，积极扩大对外贸易。从另一个角度可以推测出保定市发展县域对外贸易的缺口较大，存在一定的发展潜力和提升空间。

从图 4-38 可以看出，保定市的利用外资强度呈现上升趋势，2016~2020 年上升了 0.78%，还有待提高。提高利用外资的效率，有利于为保定市的经济发展带来资金和外汇，带动产业结构的调整和优化。通过技术和知识的引进，

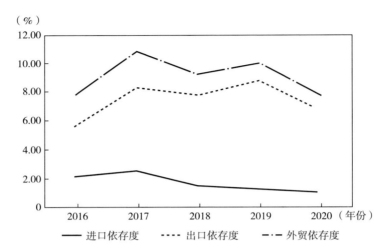

图 4-37 2016~2020 年保定高质量发展开放发展中贸易开放情况

资料来源：历年《河北经济年鉴》《中国城市统计年鉴》。

助力培养发展迫切需要的人才。总之，保定市仍然需要加大"走出去"的力度，推进两个国家级出口基地建设（汽车及相关部件、新能源），扶持"巨力"等外向龙头企业进军国际市场，鼓励纺织、服装、轻工业、建材、医药等比较优势行业深入境外开办工厂。

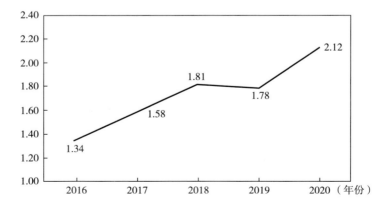

图 4-38 2016~2020 年保定高质量发展开放发展中贸易开放情况

资料来源：历年《河北经济年鉴》《中国城市统计年鉴》。

第五节　河北省高质量发展共享发展分析

一、唐山共享发展分析

共享发展主要体现在经济共享、社会共享、设施共享三个方面。

1. 经济共享分析

在经济共享中，人均地区生产总值呈上升趋势，从 2016 年的 78393 元上升到 2020 年的 93470 元。人均教育支出从 2016 年的 827 元/人，上升到 2020 年的 2148 元/人，总体上人均教育支出呈上升趋势（见图 4-39）。

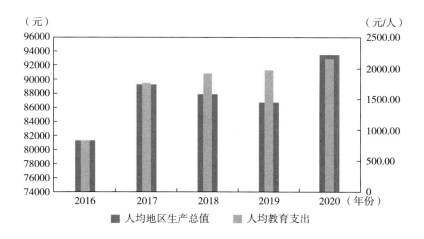

图 4-39　2016~2020 年唐山高质量发展共享发展的经济共享人均地区生产总值、教育支出情况

资料来源：历年《河北经济年鉴》《中国城市统计年鉴》。

城镇职工登记失业率是与经济效率有一定关系的一个指标，两者之前呈现出反向变动的关系。唐山城镇职工登记失业率 2016 年有所上升，2017~2018 年均呈下降趋势，2018~2019 年又有所上升，但保持在合理范围内（见图 4-40）。

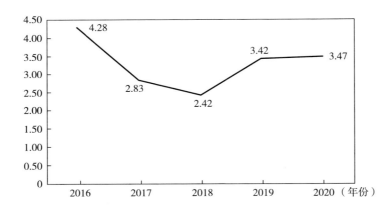

图 4-40 2016~2020 年唐山高质量发展共享发展的经济共享中城镇职工登记失业率情况

资料来源：历年《河北经济年鉴》《中国城市统计年鉴》。

2. 社会共享分析

从图 4-41 可以看出，社会共享中每万人在校大学生数从 2016~2020 年呈不断上升趋势，受教育程度在不断增加，人们更加注重教育。每万人拥有医院、卫生院床位数呈现先上升再下降趋势，表明人民群众基本就医需求不断增强，需要不断加大投入，提升基本医疗服务水平。

3. 设施共享分析

设施共享中，由图 4-42 可以看出，唐山城市建设用地占市区面积比重 2016~2020 基本保持稳定，在 5%~6%，由 2016 年的 5.32% 提升到 2019 年的 5.76%，2020 年又下降到 5.28%。人均城市道路面积不断增加，由 2016 年的 4.11 平方米/人上升到 2020 年的 5.93 平方米/人。受网约车等因素影响，每万人拥有公共汽车由 2016 年的 3.89 辆/万人下降为 2020 年的 2.91 辆/万人。这表明唐山设施建设更加完善，设施共享水平不断提升。

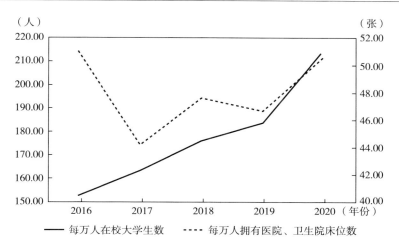

图 4-41　2016~2020 年唐山高质量发展共享发展的社会共享情况

资料来源：历年《河北经济年鉴》《中国城市统计年鉴》。

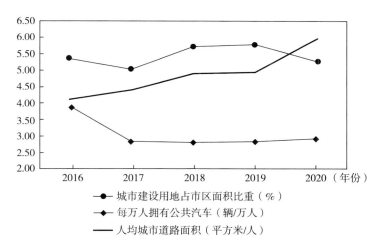

图 4-42　2016~2020 年唐山高质量发展共享发展的设施共享情况

资料来源：历年《河北经济年鉴》《中国城市统计年鉴》。

二、石家庄共享发展分析

共享发展充分体现了中国共产党的性质和宗旨，发展一切为了人民、发展依靠人民、发展成果由人民共享。所以在建设高质量发展城市的过程中,共享发展也是发展中的重要一环。本书主要从经济共享、社会共享和设施共享这三个方面来分析石家庄共享发展的现状。

1. 经济共享分析

从图4-43我们可以看出,在经济共享中,人均地区生产总值和人均教育支出在2016~2020年变化趋势是一致的,2018年虽然人均地区生产总值有所下降,但人均教育支出是增加的,这说明人均地区生产总值和人均教育支出虽然有一定的正相关关系,但也不是绝对的正相关,在特殊情况下会出现反向变动。在建设高质量城市的过程中,高素质人才是其中十分关键的一环。随着社会的进步,人们对知识的渴望程度逐渐增加,而且更加希望通过教育来提升自己的社会竞争力,这对经济来说有积极的正面影响,高素质劳动者可以带动经济快速发展,而经济快速发展又可以促使人们通过不断的学习变得更加优秀。

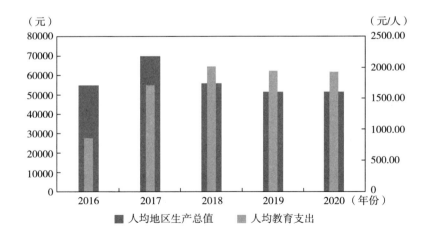

图4-43 2016~2020年石家庄高质量发展共享发展的经济共享人均地区生产总值、教育支出情况

资料来源:历年《河北经济年鉴》《中国城市统计年鉴》。

城镇职工登记失业率是与经济效率有一定关系的一个指标,两者之前呈反向变动关系。经济在 2016 年出现一定程度的下行，但是城镇职工登记失业率却在 2016 年有 0.04% 的小幅度增长，经济效率在 2017 开始恢复上升的趋势（见图 4-44），相反城镇职工登记失业率在 2017 年和 2018 年却是下降的。受国内外环境影响，2019~2020 年城镇职工登记失业率又有所上升。这说明石家庄市实现了比较充分的就业，也反映出经济发展是稳中有升的。而且在整体经济增长放缓的情况下还保证就业形势的良好，这些都充分反映出石家庄市在经济转型升级中的潜力。

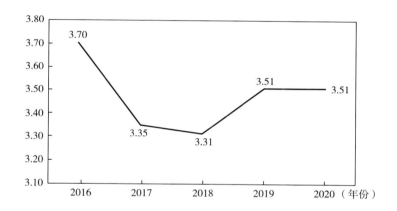

图 4-44　2016~2020 年石家庄高质量发展共享发展的

经济共享中城镇职工登记失业率情况

资料来源：历年《河北经济年鉴》《中国城市统计年鉴》。

2. 社会共享分析

共享发展就是要让人民可以享受到发展的福利，实现人民共享发展成果，因此社会共享和设施共享都是衡量人民享受到多少发展成果的指标。

社会共享主要通过每万人拥有医院、卫生院床位数和每万人在校大学生数来衡量。从图 4-45 中可以看出，每万人拥有医院、卫生院床位数变化呈"W"型，在 2016~2017 年呈下降趋势，2017~2018 年又再次上升，2018~

2019 年再次下降，2019~2020 年又再次上升，2020 年比 2016 年增长约 4 张床位。但是每万人在校大学生数在 2016~2017 年呈上升趋势后，在 2017~2018 年出现了回落，约下降了 23 人，之后 2018~2020 年又呈上升趋势。一定的原因是大学招生以及出国学生数量的增加。但是结合人均教育支出可以说明，石家庄市在高质量发展中对高素质劳动者的培养是极为重视的。

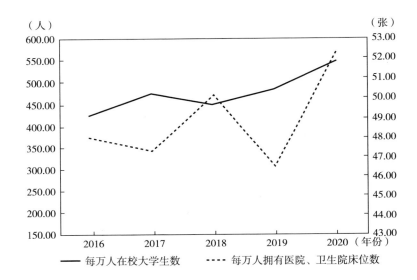

图 4-45　2016~2020 年石家庄高质量发展共享发展的社会共享情况

资料来源：历年《河北经济年鉴》《中国城市统计年鉴》。

3. 设施共享分析

设施共享主要通过城市建设用地占市区面积比重、每万人拥有公交汽车和人均城市道路面积来评价分析。一般来说，城市建设用地主要包括居住用地、公共管理与公共服务用地、商业服务业设施用地、工业用地、物流仓储用地、交通设施用地、公用设施用地、绿地广场。根据图 4-46 可以看出，在 2016~2020 年石家庄市城市建设用地占市区面积比重呈先下降后上升趋势，2016~2017 年基本维持在 12%，而在 2018~2019 年下降至 2.54%。出现这样的情况是因为石家庄市在城市建设用地的审批更加严格，所以在 2018～2019 年会出现建设用地大幅度减少的情况。2020 年石家庄市城市建设用地占市区面积比重又上升到 8.20%。

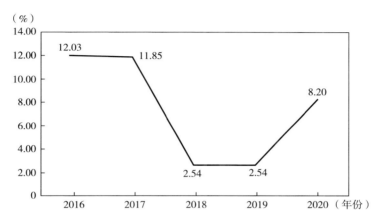

图 4-46 2016～2020 年石家庄城市建设用地占市区面积比重变化情况

资料来源：历年《河北经济年鉴》《中国城市统计年鉴》。

从图 4-47 中可以看出，每万人拥有的公共汽车与人均道路面积在 2016～2020 年的变化趋势。人均城市道路面积呈上升的趋势，由 2016 的 5.19 平方米/

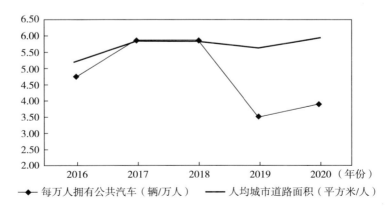

图 4-47 2016～2020 年石家庄每万人拥有公交汽车与人均城市道路面积变化情况

资料来源：历年《河北经济年鉴》《中国城市统计年鉴》。

人上升到 2020 年的 5.95 平方米/人，增加了 0.76 平方米/人。每万人拥有公交汽车数量呈先下降后上升趋势。由 2016 的 4.73 辆/万人上升到 2018 年的 5.86 辆/万人，增加了约 1 辆，2020 年又下降为 3.91 辆/万人。这说明在石家庄市高质量发展过程中十分重视将发展成果和市民共享，在未来石家庄市高质量发展的过程中将形成良性循环。

三、保定共享发展分析

人人共建、人人共享，是经济社会发展的理想状态。习近平总书记提出的新发展理念，把共享作为发展的出发点和落脚点，指明发展价值取向，把握科学发展规律，顺应时代发展潮流，是充分体现社会主义本质和共产党宗旨、科学谋划人民福祉和国家长治久安的重要发展理念。接下来从经济共享、社会共享和设施共享三个维度八个指标来分析保定市的共享发展情况。共享发展作为发展的归宿，是评价发展过程、检验发展成果的重要理念。

1. 经济共享分析

保定市始终坚持共享发展理念，全面推进民生事业发展，让发展成果惠及全市人民。党的十八大以来，围绕减贫、棚改、增收等民生领域突出问题，全市上下做了大量卓有成效的工作。"十三五"时期保定市社会民生事业不断改善，社会保障水平显著提升。2016～2020 年保定市人均地区生产总值总体呈现上升趋势，人均教育支出也呈现出大幅增加的良好趋势（见图 4-48），反映了当地居民生活水平和消费能力的提升，教育资源充足。城镇职工登记失业率呈先下降后上升趋势，保持在 4% 合理范围内（见图 4-49）。从纵向来看，保定市与唐山市、石家庄市相比提升的空间依旧很大，必须依靠实体经济来解决就业，稳定经济发展动力。实体经济在竞争中占据主动地位具有不可撼动的作用。

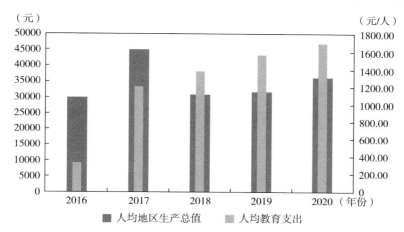

图 4-48　2016~2020 年保定高质量发展共享发展的经济共享

人均地区生产总值、教育支出情况

资料来源：历年《河北经济年鉴》《中国城市统计年鉴》。

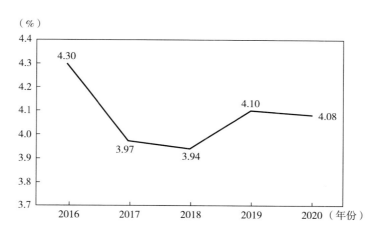

图 4-49　2016~2020 年保定高质量发展共享发展的经济共享中城镇职工登记失业率情况

资料来源：历年《河北经济年鉴》《中国城市统计年鉴》。

2. 社会共享分析

在社会共享方面，从图 4-50 可以看出，2016~2020 年保定市每万人拥有医院、卫生院床位数呈波浪状的趋势，由 2016 年的 40.81 张/万人上升到 2020

年的 58.90 张/万人，增加约 18 张/万人。2016～2020 年保定市每万人在校大学生数在 2017 年下降后又较快增加，由 2017 年的 143.3 人/万人上升到 2020 年的 218.2/万人。知识水平和人力素质是生产率提高、经济增长的内在动力之一。在知识经济时代，科技水平和劳动力素质的价值很大，教育对整个经济的作用不容忽视。保定市应该不断完善教育体系，进一步缩小城乡、区域、校际和群体差距，大幅拓宽受教育渠道，提升教师队伍整体素质，保障教育经费的投入，为推动教育改革发展、促进教育公平、提高教育质量提供了强有力的保障。

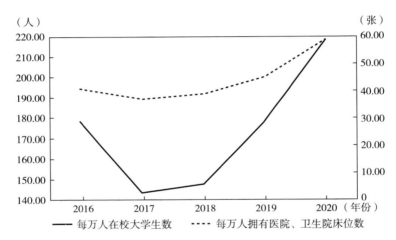

图 4-50　2016～2020 年保定高质量发展共享发展的社会共享情况

资料来源：历年《河北经济年鉴》《中国城市统计年鉴》。

3. 设施共享发展

设施共享主要通过城市建设用地占市区面积比重、每万人拥有公交汽车和人均城市道路面积来进行评价分析。在城市道路和城市建设方面，2016～2020 年保定城市建设用地面积占市区面积比重变化稳定呈凹状，在 7%～8% 浮动（见图 4-51）；人均城市道路面积在 5～6 平方米浮动（见图 4-52）。但保定市城市建设用地面积与邢台市、廊坊市和沧州市等市相比存在一定差距，以沧州市为例，2016～2018 年沧州分别达到 39.89%、45.36% 和 42%。保定市城市建设用地面积 22135 平方千米，沧州为 14000 平方千米，按保定市 2018 年测算城市建设用地面积约为 1786 平方千米，而沧州市达到了 5880 平方千米。所以保定市应该合理规划城市建设用地，同时保证绿化的覆盖率，在保证居民正常的生活下增强他们的生活幸福感。

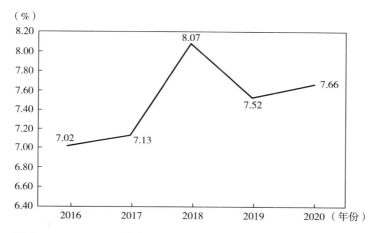

图 4-51 2016~2020 年保定城市建设用地占市区面积比重变化情况

资料来源：历年《河北经济年鉴》《中国城市统计年鉴》。

2016~2020 年保定市每万人拥有公交汽车呈现先上升后平稳发展再下降然后再上升趋势（见图 4-52），基础设施比较完善。一方面可以保证居民的出行，另一方面生态环保，降低空气污染和交通拥堵。

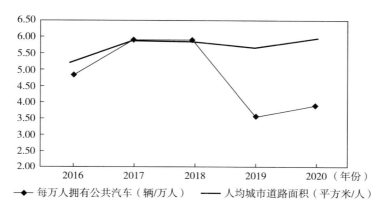

图 4-52 2016~2020 年保定每万人拥有公交汽车与人均城市道路面积变化情况

资料来源：历年《河北经济年鉴》《中国城市统计年鉴》。

第五章　河北省高质量发展综合评价分析

为了更好地对河北省高质量进行综合评价与分析，本书以河北省 11 个地级市为研究对象，基于新发展理念构建河北省高质量发展综合评价指标体系，利用熵值法确定指标权重，利用集对分析综合评价模型对河北省 11 个地级市的高质量发展进行综合评价分析，以期为河北省推进高质量发展制定提供参考依据。

第一节　河北省高质量发展综合评价指标体系

高质量发展是创新、协调、绿色、开放、共享的内在各要素相互贯通、相互促进，共同构成具有内在联系的集合体。其中，创新是引领发展的第一动力，协调是持续健康发展的内生特点，绿色是永续发展的普遍形态，开放是国家繁荣发展的必由之路，共享是中国特色社会主义的根本目的。因此，河北省高质量发展，必须要以新发展理念为引领，高质量的发展指标也必须以新发展理念为评价标准。

综合前面分析，基于新发展理念的河北省高质量发展评价指标体系如表 5-1 所示。

表 5-1 河北省高质量发展综合评价指标体系

准则层	子准则层	方案层	指标解释及单位
创新发展	创新投入	科学技术财政支出强度 X1	科学技术财政支出额占财政支出总额比重（%）
		R&D 经费投入强度 X2	R&D 经费（内部）支出/GDP（%）
		每万人专利授权量 X3	专利授权量/年末总人口数（件/万人）
	创新产出	经济效率 X4	GDP 增长速度（%）
		劳动生产率 X5	GDP/社会从业人员（元/人）
		资本生产率 X6	GDP/全社会固定资产投资（%）
协调发展	经济社会协调	产业结构高级化 X7	第三产业增加值占 GDP 的比重（%）
		教育支出强度 X8	教育支出占财政支出比重（%）
	城乡协调	城镇化率 X9	年末城镇常住人口/年末地区总人口（%）
		城乡居民收入差异系数 X10	农村居民人均纯收入/城市居民人均可支配收入
	文明协调	每百人互联网宽带接入数 X11	互联网宽带接入数/年末地区总人口（户/百人）
		每百人公共图书馆藏书 X12	公共图书馆藏书/年末地区总人口（册/百人）
绿色发展	节能减排	万元 GDP 能耗 X13	每万元 GDP 能耗变化率（%）
		万元 GDP 电耗 X14	每万元 GDP 能耗变化率（%）
		万元 GDP 废水排放量 X15	废水排放量/GDP（吨/万元）
		亿元 GDP 废气排放量 X16	二氧化硫排放量/GDP（吨/亿元）
		亿元固体废弃物排放量 X17	一般工业固体废弃物产生量/GDP（吨/亿元）
	生态环保	城市污水集中处理率 X18	通过污水处理厂处理的污水量与污水排放总量比率（%）
		一般工业固体废弃物综合利用率 X19	一般工业固体废弃物综合利用量占一般固体废弃物产生量与综合利用往年贮存量之和的比率（%）
		建成区绿化覆盖率 X20	建成区绿化覆盖率（%）
		生活垃圾无害化处理率 X21	生活垃圾无害化处理量与生产垃圾产生量的比率（%）

准则层	子准则层	方案层	指标解释及单位
开放发展	贸易开放	进口依存度 X22	进口总额/GDP（%）
		出口依存度 X23	出口总额/GDP（%）
		外贸依存度 X24	进出口总额/GDP（%）
	金融开放	利用外资强度 X25	实际利用外商直接投资额/GDP（%）
共享发展	经济共享	人均地区生产总值 X26	地区生产总值/年末总人口数（元）
		城镇职工登记失业率 X27	城镇登记失业人员数/城镇单位就业人员、城镇单位中的不在岗职工、城镇私营业主、个体户主、城镇私营企业和个体就业人员、城镇登记失业人员之和（%）
		人均教育支出 X28	教育经费支出/年末总人口数（元/人）
	社会共享	每万人拥有医院、卫生院床位数 X29	医院、卫生院床位数区域年平均总人数（张/万人）
		每万人在校大学生数 X30	普通高校在校大学生人数/区域年平均总人数（人/万人）
	设施共享	城市建设用地占市区面积比重 X31	城市建设用地面积/市区面积（%）
		每万人拥有公共汽车 X32	拥有公共汽车数量/区域年平均总人数（辆/万人）
		人均城市道路面积 X33	城市道路面积/区域年平均总人数（平方米/人）

创新发展包括创新投入、创新产出两个层次。创新投入层次包括科学技术财政支出强度、R&D 经费投入强度和每万人专利授权量三个指标。创新产出包括经济效率、劳动生产率和资本生产率三个指标。

协调发展指标体系包括经济社会协调、城乡协调和文明协调三个层次。经济社会协调包括产业结构高级化和教育支出强度两个指标。城乡协调包括城镇化率和城乡居民收入差异系数两个指标。文明协调包括每百人互联网宽带接入数和每百人公共图书馆藏书两个指标。

绿色发展指标体系包括节能减排和生态环保两个层次。节能减排包括万元GDP 能耗、万元 GDP 电耗、万元 GDP 废水排放量、亿元 GDP 废气排放量和亿元固体废弃物排放量五个指标。生态环保包括城市污水集中处理率、一般工业固体废弃物综合利用率、建成区绿化覆盖率和生活垃圾无害化处理率四个指标。

开放发展指标体系包括贸易开放和金融开放两个层次。贸易开放包括进口依存度、出口依存度和外贸依存度三个指标。金融开放包括利用外资强度一个指标。

共享发展指标体系包括经济共享、社会共享与设施共享三个层次。经济共享包括人均地区生产总值、城镇职工登记失业率和人均教育支出三个指标。社会共享包括每万人拥有医院、卫生院床位数和每万人在校大学生数两个指标。设施共享包括城市建设用地占市区面积比重、每万人拥有公共汽车和人均城市道路面积三个指标。

第二节 数据来源与评价模型

一、数据来源与数据处理

基于新发展理念，本书构建了河北省高质量发展的五个层次、12 个一级指标、33 个二级指标。本书所选取数据来源于《河北经济年鉴》《河北统计年鉴》《中国城市统计年鉴》《中国统计年鉴》等。一些指标直接从上述年鉴中获得，大多数指标剔除了人口因素等影响，由相应数据计算而来。相应的数据见附录。

二、研究方法与模型构建

1. 研究方法与权重分配

在对相关指标数据进行标准化处理后，需要明确各评价指标的权重比例，本书选取客观赋值法中的熵值法来确定各评价指标权重。熵值法的基本原理：根据各指标的变异程度，利用信息熵计算出各指标的熵权，再通过熵权对各指标的权重进行修正，从而得出较为客观的指标权重，指标熵值的大小与相对应指标的变异程度、信息含量以及权重值呈反比例变动关系。熵值法计算指标权重的基本步骤如下：

（1）原始指标数据矩阵。假设测量的城市样本数量为 m 个，待测量的评价指标数量为 n 项，由此可得出原始指标数据矩阵的数学表达式为：

$$X = (x_{ij}) m \times n (0 \leqslant i \leqslant m, \ 0 \leqslant j \leqslant n) \tag{5-1}$$

在式（5-1）中 x_{ij} 表示第 i 个城市第 j 个指标的量化值。

（2）数据的标准化处理。由于正向和负向指标对于最终结果的测算会产生不同的影响，因此需要对正负指标进行标准化处理：

$$正向指标：X_{ij} = \frac{X_{ij} - \min\{X_j\}}{\max\{X_j\} - \min\{X_j\}} \tag{5-2}$$

$$负向指标：X_{ij} = \frac{\max\{X_j\} - X_{ij}}{\max\{X_j\} - \min\{X_j\}} \tag{5-3}$$

在式（5-2）和式（5-3）中，$\max\{X_j\}$ 和 $\min\{X_j\}$ 分别为所有城市中第 j 项评价指标的最大值和最小值。

（3）计算第 i 个城市第 j 项指标值的比重：

$$Y_{ij} = \frac{X_{ij}}{\sum\limits_{i=1}^{m} X_{ij}} \tag{5-4}$$

（4）计算指标信息熵：

$$e_j = -k \sum\limits_{i=1}^{m} (Y_{ij} \times \ln Y_{ij}) \tag{5-5}$$

其中，k 为常数，等于 lnm 的倒数。

（5）计算信息熵冗余度：

$$d_j = 1 - e_j \tag{5-6}$$

（6）计算指标权重：

$$W_i = \frac{d_j}{\sum\limits_{j=1}^{n} d_j} \tag{5-7}$$

（7）计算单指标评价得分：

$$S_{ij} = W_t \times X_{ij} \tag{5-8}$$

2. 集对分析综合评价模型构建

集对分析是我国数学家赵克勤于 1989 年提出的用于处理系统确定性与不确定性相互作用的一种数学理论和模型。根据集对分析的基本原理，当集对模型中评价集与最优方案集相对贴近度较高时，则表明评价对象越贴近优。根据集对分析理论构建河北省高质量发展综合评价模型，基本步骤如下：

（1）构建待评价矩阵。河北省共 11 个地级市，即待评价城市数量 n＝11，将其待评价城市集 $M = \{M_1, M_2, \cdots, M_{11}\}$，而每个待评价城市所包含的评价指标 m＝26，其所对应的指标集 $C = \{C_1, C_2, \cdots, C_{26}\}$，每个城市的单一指标表示为 $d_{ij} = (0 \leqslant i \leqslant 11, 0 \leqslant j \leqslant 26)$，其中正向指标表示为 I_1，负向指标表示为 I_2，从而得出基于集对分析同一度的多目标评价矩阵 D 为：

$$D = \begin{Bmatrix} d_{11} & d_{12} & \cdots & d_{1n} \\ d_{21} & d_{22} & \cdots & d_{2n} \\ \vdots & \vdots & \vdots & \vdots \\ d_{m1} & d_{m2} & \cdots & d_{mn} \end{Bmatrix} \tag{5-9}$$

理想方案 $M_0 = (d_{01}, d_{02}, \cdots, d_{0j}, \cdots, d_{0n})^T$，其中 d_{0j} 表示理想方案中的第 j 个指标值，其所对应的是比较评价矩阵的指标值 d_{ij}，由此可得出被评价对象与理想方案指标的同一度矩阵 T：

$$T = \begin{Bmatrix} a_{11} & a_{12} & \cdots & a_{1n} \\ a_{21} & a_{22} & \cdots & a_{2n} \\ \vdots & \vdots & \vdots & \vdots \\ a_{m1} & a_{m2} & \cdots & a_{mn} \end{Bmatrix} \tag{5-10}$$

由此可得出：

$$\begin{cases} a_{ij} = \dfrac{d_{ij}}{d_{0j}}, & (d_{ij} \in I_1) \\[3mm] a_{ij} = \dfrac{d_{0j}}{d_{ij}}, & (d_{ij} \in I_2) \end{cases} \qquad (5\text{--}11)$$

其中，a_{ij} 称为评价指标值与理想方案最优值 d_{0j} 的同一度。

（2）明确各指标权重。本书利用熵权法计算出各评价指标的权重值 w_{ij}，具体如表 5-2 所示。

表 5-2　河北省高质量发展综合评价指标体系权重

准则层	子准则层	方案层	指标权重
创新发展	创新投入	科学技术财政支出强度 X1	0.026630
		R&D 经费投入强度 X2	0.029981
		每万人专利授权量 X3	0.031662
	创新产出	经济效率 X4	0.029132
		劳动生产率 X5	0.033332
		资本生产率 X6	0.030240
协调发展	经济社会协调	产业结构高级化 X7	0.031963
		教育支出强度 X8	0.034533
	城乡协调	城镇化率 X9	0.028244
		城乡居民收入差异系数 X10	0.034109
	文明协调	每百人互联网宽带接入数 X11	0.030511
		每百人公共图书馆藏书 X12	0.015076
绿色发展	节能减排	万元 GDP 能耗 X13	0.033410
		万元 GDP 电耗 X14	0.035616
		万元 GDP 废水排放量 X15	0.033042
		亿元 GDP 废气排放量 X16	0.034099
		亿元固体废弃物排放量 X17	0.001456
	生态环保	城市污水集中处理率 X18	0.035424
		一般工业固体废弃物综合利用率 X19	0.036549
		建成区绿化覆盖率 X20	0.033461
		生活垃圾无害化处理率 X21	0.037136

准则层	子准则层	方案层	指标权重
开放发展	贸易开放	进口依存度 X22	0.032046
		出口依存度 X23	0.031148
		外贸依存度 X24	0.032470
	金融开放	利用外资强度 X25	0.023853
共享发展	经济共享	人均地区生产总值 X26	0.030690
		城镇职工登记失业率 X27	0.036831
		人均教育支出 X28	0.031804
	社会共享	每万人拥有医院、卫生院床位数 X29	0.032885
		每万人在校大学生数 X30	0.024477
	设施共享	城市建设用地占市区面积比重 X31	0.027503
		每万人拥有公共汽车 X32	0.032927
		人均城市道路面积 X33	0.030672

（3）综合评价模型构建。通过指标权重向量 W 和同一度矩阵 T 可得出待评价城市 M_i 与理想方案 M_0 的同一度矩阵 R：

$$R = W \times T = (w_1, w_2, \cdots, w_m) \times \begin{pmatrix} a_{11} & a_{12} & \cdots & a_{1n} \\ a_{21} & a_{22} & \cdots & a_{2n} \\ \vdots & \vdots & \vdots & \vdots \\ a_{m1} & a_{m2} & \cdots & a_{mn} \end{pmatrix} \quad (5-12)$$

（4）集对分析综合评价模型。通过对指标值的分层划分，将上述综合评价模型进行扩展，进而得出集对分析综合评价模型，其数学表达式为：

$$R = W \times T = W \times \begin{pmatrix} w_1 \times a_1 \\ w_2 \times a_2 \\ \vdots \\ w_n \times a_n \end{pmatrix} \quad (5-13)$$

根据上述综合评价模型即可计算出创新发展、协调发展、绿色发展、开放发展及共享发展等层次评价指标的评价结果，将上述评价值重新代入式

（5-13），即可得出每个城市的高质量发展综合评价值。

第三节　河北省高质量发展综合评价结果分析

在对数据进行标准化处理基础上，以熵值法确定其各指标的权重值（见表5-2），同时构建的集对分析综合评价模型对河北省11个城市的高质量发展进行综合评价，综合评价结果见表5-3。

表 5-3　2016～2020 年河北省 11 个城市高质量发展综合评价得分

城市	2016 年	2017 年	2018 年	2019 年	2020 年	平均得分
石家庄	0.654064127	0.676811986	0.596528606	0.5936292	0.611607226	0.626528229
唐山	0.487995825	0.469377633	0.489197775	0.541627549	0.571703286	0.511980414
秦皇岛	0.756543812	0.689765043	0.573316047	0.625336512	0.608042107	0.650600704
邯郸	0.29344795	0.282176196	0.270462417	0.322372639	0.30346131	0.294384102
邢台	0.249877385	0.251204308	0.218576175	0.360947068	0.310650609	0.278251109
保定	0.292159846	0.323423506	0.27635236	0.290617651	0.38834661	0.314179995
张家口	0.272945856	0.270881696	0.402078221	0.269816025	0.264599754	0.29606431
承德	0.231735699	0.221966958	0.203313921	0.207565832	0.247933878	0.222503258
沧州	0.370974179	0.424122165	0.368857986	0.394889437	0.443534799	0.400475713
廊坊	0.540236841	0.566409558	0.529293083	0.635653981	0.550260352	0.564370763
衡水	0.294540866	0.358655494	0.303462964	0.350955031	0.363763577	0.334275586

根据综合评价结果，我们对河北省高质量发展进行如下分析：

一、河北省高质量发展综合评价结果静态分析

1. 2016 年河北省各地高质量发展综合评价结果分析

如图5-1所示，2016 年河北省高质量发展综合评价得分中，秦皇岛得分最高，其次是石家庄、廊坊和唐山。

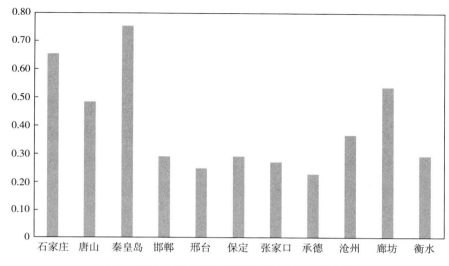

图 5-1　2016 年河北省高质量发展综合评价得分情况

2. 2017 年河北省各地高质量发展综合评价结果分析

如图 5-2 所示，2017 年河北省高质量发展综合评价得分中，秦皇岛得分最高，其次是石家庄、廊坊和唐山。

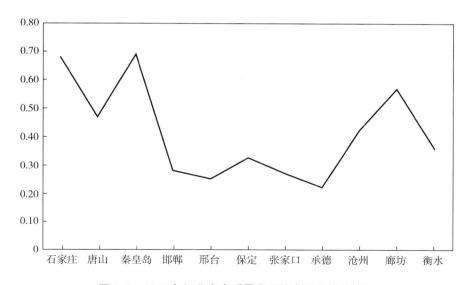

图 5-2　2017 年河北省高质量发展综合评价得分情况

3. 2018 年河北省各地高质量发展综合评价结果分析

如图 5-3 所示，2018 年河北省高质量发展综合评价得分中，石家庄得分最高，其次是秦皇岛、廊坊和唐山。2018 年石家庄高质量发展综合评价得分超过秦皇岛等市。

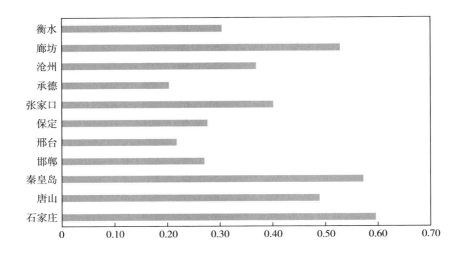

图 5-3　2018 年河北省高质量发展综合评价得分情况

4. 2019 年河北省各地高质量发展综合评价结果分析

如图 5-4 所示，2019 年河北省高质量发展综合评价得分中，廊坊得分最高，其次是秦皇岛、石家庄和唐山。2019 年廊坊高质量发展综合评价得分超过秦皇岛等市。

5. 2020 年河北省各地高质量发展综合评价结果分析

如图 5-5 所示，2020 年河北省高质量发展综合评价得分中，石家庄得分最高，其次是秦皇岛、唐山和廊坊。2020 年石家庄高质量发展综合评价得分超过秦皇岛等市。

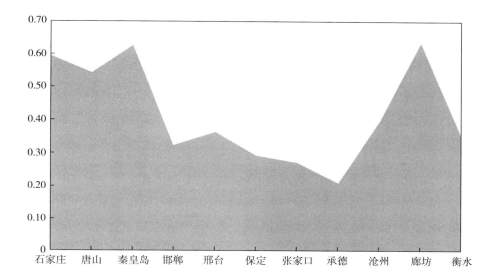

图 5-4 2019 年河北省高质量发展综合评价得分情况

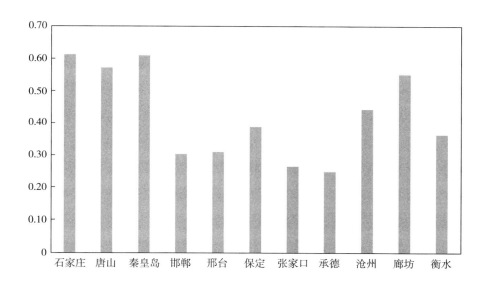

图 5-5 2020 年河北省高质量发展综合评价得分情况

二、河北省高质量发展综合评价结果动态分析

1. 2016～2020年河北省各地高质量发展综合评价得分变化情况

由5-6可以看出2016～2020年河北省各地高质量发展综合评价得分中，秦皇岛高质量发展综合评价得分虽然最高，但其他地区与其差距在逐渐缩小。唐山、保定、邢台、承德、沧州等地高质量发展综合评价得分2016～2020年呈上升趋势。石家庄、衡水、张家口等地的高质量发展综合评价得分呈下降趋势，廊坊、邯郸等地的高质量发展综合评价得分变化不大。

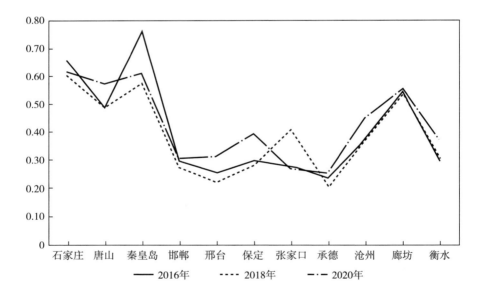

图5-6　2016～2020年河北省各地高质量发展综合评价得分变化情况

2. 2016～2020年河北省各地高质量发展综合评价得分均值标准差变化情况

由图5-7可以看出，2016～2020年河北省各地高质量发展综合评价得分均值除2018年略有下降外，呈不断上升趋势；同样地，2016～2020年河北省各地高质量发展综合评价得分标准差除在2019年略有上升外，呈不断下降趋势。

这都表明河北省各市高质量发展之间差距不断缩小。

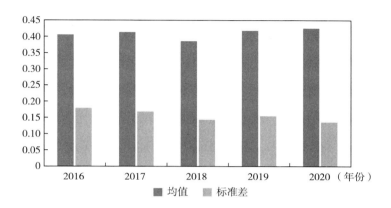

图 5-7　2016~2020 年河北省各地高质量发展综合评价得分均值标准差变化情况

3. 2016~2020 年河北省各地高质量发展综合评价得分核密度函数变化情况

如图 5-8 所示，2016~2020 年河北省各地高质量发展综合评价得分核密度函数有一定的右移趋势，说明河北省高质量发展水平不断提升。核密度分布更加集中，河北省各地高质量发展差异在不断缩小，从历年高质量发展综合评价

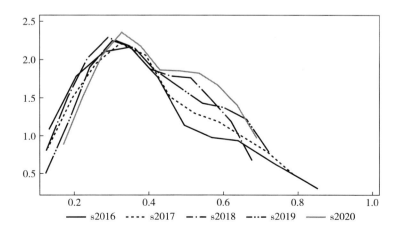

图 5-8　2016~2020 年河北省各地高质量发展综合评价得分核密度函数变化情况

得分标准差变化也能看出此结果。2016 年高质量发展综合评价得分标准差为 0.1791，2017 年为 0.1685，2018 年为 0.1431，2019 年为 0.1537，2020 年为 0.1399，呈现不断下降趋势。核密度由单峰向双峰转变，说明四年来河北省各地高质量发展由原来的秦皇岛"一枝独秀"转变为秦皇岛、唐山、石家庄、廊坊等地"多点开花"，高质量发展水平不断提升。

4. 2016~2020 年河北省各地高质量发展综合评价平均得分结果分析

如图 5-9 所示，2016~2020 年河北省各地高质量发展综合评价平均得分中，石家庄、秦皇岛、廊坊和唐山四地得分较高，高质量发展水平较高；沧州、衡水、保定、邯郸四地得分较低，高质量发展水平一般；张家口、邢台、承德三地得分很低，高质量发展水平较差。

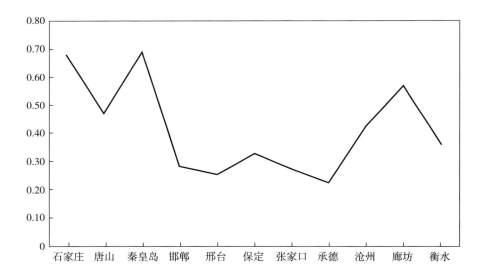

图 5-9　2016~2020 年河北省各地高质量发展综合评价平均得分情况

三、河北省高质量发展综合评价结果空间分析

河北省各地市高质量发展是否相互影响，存在空间自相关关系。Moran's I

指数能够进行空间自相关检验。该指数跟相关系数类似，取值为−1 到 1 之间。大于零表示空间正相关，小于零表示空间负相关，等于零表示空间不相关。利用 GeoDa 软件根据 2015~2018 年河北省高质量发展综合评价得分，计算得到2016~2020 年的 Moran's I 指数值，如图 5-10 至图 5-14 所示。

1. 2016 年河北省各地高质量发展综合评价得分 Moran's I 指数

如图 5-10 所示，2016 年的 Moran's I 指数值为−0.102，表明 2016 年河北省各地高质量发展水平不存在显著的空间相关性，各地高质量发展相互影响较弱。

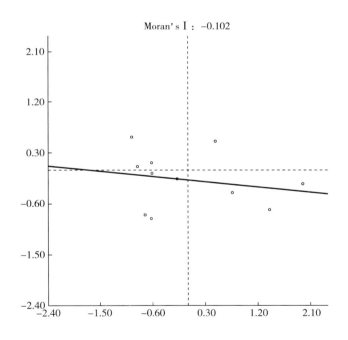

图 5-10　2016 年河北省各地高质量发展综合评价得分 Moran's I 指数

2. 2017 年河北省各地高质量发展综合评价得分 Moran's I 指数

如图 5-11 所示，2017 年的 Moran's I 指数值为−0.102，表明 2017 年河北省各地高质量发展水平不存在显著的空间相关性，各地高质量发展相互影响持续较弱。

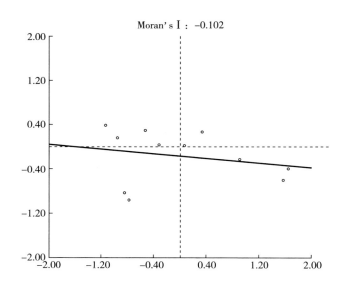

图 5-11　2017 年河北省各地高质量发展综合评价得分 Moran's I 指数

3. 2018 年河北省各地高质量发展综合评价得分 Moran's I 指数

如图 5-12 所示，2018 年的 Moran's I 指数值为 -0.236，表明河北省各地高质量发展水平不存在显著的空间相关性，各地高质量发展相互影响有所提升，但协同发展仍不足。

4. 2019 年河北省各地高质量发展综合评价得分 Moran's I 指数

如图 5-13 所示，2019 年的 Moran's I 指数值为 -0.113，表明河北省各地高质量发展水平不存在显著的空间相关性，各地高质量发展相互影响有所下降。

5. 2020 年河北省各地高质量发展综合评价得分 Moran's I 指数

如图 5-14 所示，2020 年的 Moran's I 指数值为 -0.013，表明河北省各地高质量发展水平不存在显著的空间相关性，受国内外环境影响，各地高质量发展相互影响持续下降。

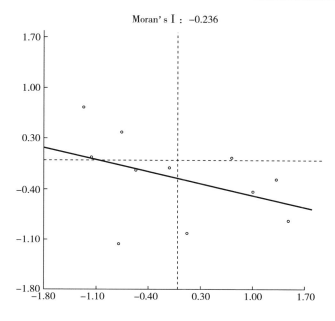

图 5-12 2018 年河北省各地高质量发展综合评价得分 Moran's I 指数

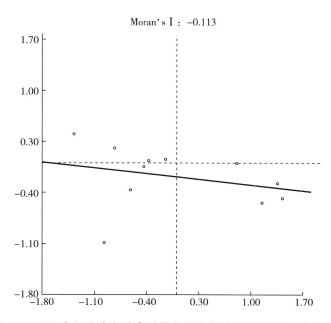

图 5-13 2019 年河北省各地高质量发展综合评价得分 Moran's I 指数

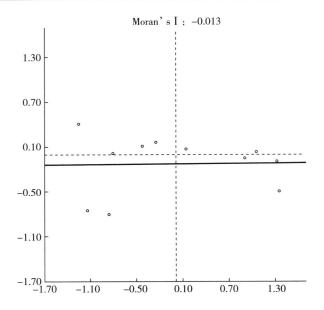

图 5-14　2020 年河北省各地高质量发展综合评价得分 Moran's I 指数

　　由此可见，河北省各地高质量发展之间联系比较少，没有空间相关性。有可能由于河北省各地高质量发展水平比较低，没有发挥出应有的空间溢出效应。因此，在未来河北省高质量发展不仅要提升水平，而且要加强联系，充分发挥高质量发展空间溢出效应，促进各地高质量协同发展。

第六章　河北省高质量发展面临的
机遇、挑战与政策建议

第一节　河北省高质量发展面临的机遇与挑战

尽管河北省在推动经济高质量发展方面已经取得长足进步，但受经济社会发展客观条件变化、制度扭曲和国际环境复杂多变等多重因素制约，推动经济高质量发展还面临着诸多难题和严峻挑战。

一、高质量发展的国际国内环境

从国际环境来看，一方面，世界正经历百年未有之大变局，世界和平与发展受到很大威胁。世界不稳定性、不确定性明显增强，进入动荡变革时期，单边主义、霸权主义、保护主义盛行，经济全球化遭遇逆流。另一方面，世界和平与发展仍然是时代主题。经济全球化大势不可逆，新一轮科技革命、产业革命不断推进，人类命运共同体理念深入人心。

从国内环境来看，一方面，高质量发展面临不少问题。人民对美好生活要求不断提高与发展不平衡、不充分的矛盾依然突出。另一方面，高质量发展具有多方面有利条件。我国已经进入高质量发展阶段，稳定的社会大局、雄厚的物质基础、丰富的人力资源、广阔的市场空间能够为高质量发展奠定良好基础。同时我国经济长期向好，治理效能不断提升，制度优势不断显现，高质量发展韧性强劲。

二、高质量发展的重大机遇

未来，河北省高质量面临着以下五个方面的重大机遇：

一是重大国家战略、重大平台实施建设为高质量发展提供历史机遇。重大国家战略和国家大事包括京津冀协同发展、河北雄安新区建设等。重大平台包括北京大兴国际机场临空经济区、中国（河北）自由贸易试验区等。这些重大国家战略、国家大事、重大平台能够为河北省高质量发展带来前所未有的强大动能和战略支撑。

二是创新发展、科技兴国战略为高质量提供有利条件。现阶段创新处于我国现代化建设全局核心地位。科技兴国、科技强省战略，能够提升河北省自主创新能力，加大核心技术攻关力度，促进河北省产业链现代化、产业基础高级化，加快河北省传统产业转型升级和新兴产业发展，提升河北省高质量发展的效益和核心竞争力。

三是构建双循环新发展格局为高质量发展提供坚实支撑。扩大内需，构建双循环新发展格局，为河北省高质量发展提供巨大的内需潜力，重塑竞争新优势，提高供给体系质量，提供坚实支撑。

四是深化改革开放战略为高质量发展带来新的契机。持续深化供给侧结构性改革，坚定不移推进改革开放，建设更高水平开放型经济新体制，增强发展动力活力，提高资源配置效率，为河北省高质量发展带来新的契机。

五是共建共治共享的社会治理制度为高质量发展提供制度保障。我国全面推进治理体系和治理能力现代化，有利于提升河北省质量效能，完善共建共治共享的社会治理制度，为河北省高质量发展提供有效的制度保障。

三、高质量发展面临的挑战

河北省处在爬坡过坎、转型升级的关键时期，未来高质量发展面临着不少问题和挑战。主要体现在以下五个方面：

一是受国际环境的冲击。当前世界政治经济格局不确定性、不稳定性明显增强，随着主要经济体力量对比深刻调整，存在很大的变数。国际形势日趋复杂，河北省高质量发展面临着国际环境的冲击。

二是区域经济竞争的巨大挑战。随着我国进入高质量发展新阶段，区域发展竞争日趋激烈、日趋分化。虽然京津冀协同发展推进多年，但河北省在京津冀协同发展、区域竞争中还面临着巨大挑战，不进则退、慢进亦退。

三是自主创新能力不强的制约。现阶段河北省科技资源碎片化问题突出，新兴产业体量偏小，导致河北省高质量发展受到自主创新能力不强的制约，很难实现存量调优、增量调强。

四是高质量发展环境服务存在不小的差距。河北省"放管服"改革还需深化，市场国际化程度不高，改革开放力度不够，营商环境仍需优化，公共服务水平和能力亟待提高。

五是在促协调、优生态、惠民生存在诸多短板。河北省新型城镇化进程滞后，区域协调发展不充分，污染防治和生态修复任务艰巨，资源环境容量不足，发展不平衡、不充分矛盾比较突出，面临着高质量发展诸多短板。

第二节　推动河北省高质量发展的基本路径和核心动力

结合经济学理论和实践，推动经济高质量发展的根本途径是质量变革、效率变革和动力变革。改善要素质量、提高全要素生产率是推动三大变革的核心，科技创新、制度创新是推动三大变革的根本动力。

一、经济高质量发展的转换形式

综观世界经济发展史，随着经济发展阶段的提升，与发展质量相关的一些方面会在一定时点发生趋势性变化，如经济增长动力转换、技术效率和经济效益、收入分配、环境质量、产品和服务质量等。主要表现为随着经济发展，资本、劳动等生产要素质量不断提升，产出质量不断提升，劳动生产率不断提升，增量资本产出率先下降后上升，产业附加值率不断提升，经济发展动力由要素驱动发展转向效率驱动发展和创新驱动发展，产业结构不断升级，需求结构逐步走向消费主导，环境质量先下降后上升，收入差距先上升后下降（孙学工等，2020）。需要特别注意的是，这些趋势性变化并非自然而然发生的，其中既有客观规律的体现，也是推动制度政策的结果。

从全球主要国家的发展历程来看，随着经济发展水平的提高，经济发展依次经历了低质量发展阶段、向高质量发展转换阶段、高质量发展阶段。当人均GDP处于8000~15000美元时，进入向高质量发展转换阶段，发展质量、发展效率和发展动力出现系统性变革，变化速度快于其他两个阶段、变化幅度大于其他两个阶段，发展质量显著提高、发展效率明显增强、发展动力明显优化，发展的可持续性也显著变化并明显增强。其中，发展质量变革是主体、效率变革是主线、动力变革是基础，发展的可持续性提高是结果，四者相互依托，是有机联系的整体。

低质量发展阶段。当人均GDP小于8000美元时，经济一般处于低质量发展阶段，供给体系的质量较低且效率不高，经济增长动力主要依靠投资拉动和工业支撑，经济发展的可持续性不强。从投入质量来看，资本、劳动等生产投入要素质量较低，劳动力平均受教育年限较短，每百万人中研发人员数量为1000人左右；产出质量不高，高技术含量和知识密集型产业占GDP比重不足

20%，制造业增加值占 GDP 比重不足 20%，服务业增加值占比在 50% 以下。从产出效率来看，劳动要素利用效率不高，全员劳动生产率小于 15000 美元/人，但资本要素相对稀缺且其利用效率处在较高水平，增量资本产出率在 6% 左右；产业发展效益较低，工业附加值率不足 20%。从经济增长动力来看，生产要素投入是经济增长的主要来源；反映在需求结构上，投资率呈提高趋势，消费率呈持续下降趋势。从经济发展可持续性来看，污染物排放量大幅增加，环境质量趋于恶化；基尼系数不断提高并向峰值逼近，收入分配趋于分化极化。

向高质量发展转换阶段。人均 GDP 处于 8000~15000 美元时，经济体一般处于向高质量发展的转换阶段，供给质量与效率提升明显，经济增长动力快速转换，发展的可持续性明显增强。从供给质量来看，资本、劳动等生产投入要素质量加速改善，每百万人中研发人员数量从 1000 人左右加快提高到 2000 人左右；产出质量加速提升，高技术含量和知识密集型产业占 GDP 比重加快提高到 25% 左右。从产出效率来看，劳动等生产要素利用效率明显改善，全员劳动生产率从 15000 美元/人加速提高到 25000 美元/人左右，但资本要素因不断积累而边际报酬递减，资本利用效率仍在缓慢降低，增量资本产出率缓慢升至 8% 左右；产业发展效率大幅提高，工业附加值率提高到 30% 左右。从经济增长动力来看，技术和效率改善对经济增长的贡献率加快提升，经济增长供需动力加快向服务业和消费转变，制造业增加值占 GDP 比重经历峰值后开始下降、服务业增加值占 GDP 的比重继续加快提升，投资率逐渐下降而消费率逐渐上升。从发展可持续性来看，环境质量逐步转向改善、收入分配更加公平，人均二氧化碳排放量经历峰值后不断降低、基尼系数快速下降。

高质量发展阶段。当人均 GDP 达到 15000 美元以上时，供给体系质量和效率进一步提高、经济增长动力变革趋于稳定且处于较高水平，可持续性很强。从供给体系质量看，资本、劳动等生产投入要素质量较高，每百万人中研发人员数量提高到 2000 人以上；产出质量较高，高技术含量和知识密集型产业占 GDP 比例提高到 30%以上。从产出效率看，劳动等生产要素利用效率继续改善，全员劳动生产率在 25000 美元/人基础上持续提高，资本要素突破边际报酬递减约束而出现利用效率加速提高，增量资本产出率加速降低；产业发展效率加快提高，工业附加值率在 30%左右基础上稳步提升。从经济增长动力来看，创新成为经济增长的主要动力来源，消费—服务驱动型经济发展模式基本形成，服务业增加值占 GDP 比重提高至 60%以上，投资率继续下降而消费率升至 75%以上。从发展可持续性看，环境质量持续改善、收入分配持续公平化，人均二氧化碳排放量和基尼系数维持在较低水平。

可以看出，向高质量发展转换呈现出典型特征。一是渐进性。高质量发展是一个不断变化、缓慢演进的过程，也是一个积小变大、从量变到质变的过程。二是系统性。高质量发展是一个全方位、系统性的变化过程，各领域高质量发展既是前提也是结果。三是双重性。高质量发展是一个呈螺旋式上升的过程，既是量积累到一定阶段必然转向质的提升的客观必然规律，也是政策发力攻坚破难、努力推动经济质量提升的主动作为的结果。

从国际发展经验来看，随着经济发展水平的提高，一国经济在经过长期量的积累后必然转向质的提升，这是经济发展的客观必然规律。但是，在这个过程中，外部环境和内部发展条件都将发生转变，经济发展需要面对转变发展方式、优化经济结构、转换增长动力等系列重大问题，也需要应对外部发展环境变化带来的重大挑战。抓住机遇，既遵循必然趋势和客观规律，又积极作为，因势利导推动高质量发展是关键。

二、三大变革是实现高质量发展的基本路径

供给和需求是经济发展的两个基本方面，是推动经济发展的基本力量。这里基于扩展型生产函数和效用函数，从供给和需求两个方面，分析经济发展阶段演进过程中质量变革、效率变革、动力变革的一般性规律。

1. 从供给侧看，必须推动三大变革、转换发展路径

从供给侧看，生产函数是分析经济增长来源的基本框架。本书在理论界引

入生产要素质量的基础上，将总产出质量引入生产函数，建立反映要素质量和产品质量的扩展型生产函数，用来分析高质量发展。

$$Y(Q_t, Q_1) = AF(K, L, R)$$

其中，$Y(Q_t, Q_1)$ 表示一个经济体的总产出，Q_t 为产出数量，Q_1 为产出质量，这里为总产出赋予了数量和质量两重属性。从等式右端看，总产出由以下三个部分实现：

（1）K、L、R 分别表示资本、劳动和资源能源等要素，既包括要素投入的数量，也包括要素投入的质量。

（2）F 表示将 K、L、R 组合起来的生产方式，主要是指配置和利用生产要素的方式。

（3）A 表示影响产出的其他因素，包括技术进步、体制和管理创新等，在增长核算中也称为全要素生产率（TFP）。

如生产函数所示，总产出主要由三条路径组合实现：要素投入数量增加和质量改善（K、L、R），生产组织效率提升（F），技术进步、体制改革和管理创新（A 或称 TFP）。

在发展初期，由于生产要素相对丰裕，资源环境空间容量较大，经济增长主要依靠第一条路径，即 K、L、R 等要素投入数量增加，这一时期经济处于低质量发展阶段。随着经济发展水平提高，土地资源开始紧缺，农村可以向城市转移的劳动力接近尾声，生态环境承载力接近上限，依靠生产要素投入的增长模式难以为继，发展路径必须转换。从生产函数看，可供采用的路径有三条：一是提升要素 K、L、R 的投入质量，进而提升中间投入品和最终产出 Y 的质量，即推动质量变革；二是改进生产要素配置和生产组织方式（F），即推动效率变革，提升技术效率和经济效益；三是推动科技进步、体制改革和管理创新（A 或称 TFP），即推动动力变革，提升全要素生产率，为效率提升提供持续动力，这一时期处于向高质量发展转换阶段。推动发展质量变革、效率变革和动力变革是长期过程和系统工程，随着三大转换逐步到位，经济进入高质量发展阶段。

实际上，2018 年诺贝尔经济学奖获得者的思想从不同角度体现了高质量发展的内涵和基本路径。内生增长理论认为，人力资本积累等会促进技术进步，进而推动经济增长。从生产函数看，人力资本积累等带来的内生技术进步通常体现为生产要素运用和组织配置方式等改进，以及体制改革和管理创新，即促进产出的效率改进并提升全要素生产率。有学者创造性地用经济学的边际分析法研究了气候变化、生态环境保护等问题，论证了改进生态环保能够给未来带来更大的好处，强调了生态环境保护的重要性。这意味着在生产活动中应尽可能地多投入低污染的要素，或采用绿色化、低污染的技术等，通过高质量的绿色生产要素投入生产出低污染的高质量产出。从生产函数来看，在投入端，即要提升要素 K、L、R 投入的绿色水平；在产出端，就是要尽可能地生产更多的绿色产出。从 2018 年诺贝尔经济学奖得主的主要思想来看，提升人力资本质量、推动技术进步、促进投入要素的绿色化生产更多绿色产出等都是促进经济高质量发展的重要路径，这与推动质量变革、效率变革和动力变革的基本路径是一致的。

2. 从需求侧看，必须提升经济发展质量、满足社会需求变化

从需求侧来看，分析消费者或国民福利的基本理论是效用函数，我们设定效用函数形式为 $U=U\{Y(Q_t, Q_l), O\}$。其中，U 表示一个经济体的国民总效用，$Y(Q_t, Q_l)$ 即为生产函数中的总产出，相当于生产函数的左端，仍然包括数量和质量两种属性；O 代表生态环境、社会公平正义等方面的需求。总体来看，总效用随着 Y 和 O 的提升而提升，但这几个变量对国民总效用的作用随发展阶段而呈现出不同的特征（见图 6-1）。

经济发展水平较低时（相当于低质量发展阶段），国民总效用受到总产出（Y）的决定性影响，而 Y 主要由产出数量（Q_t）决定。因而，在这一阶段，国民总效用（U）会随着产出数量（Q_t）的增大而不断上升，而对产出质量（Q_l）和其他方面需求（O）并不敏感。此时，产出质量（Q_l）的提升对效用

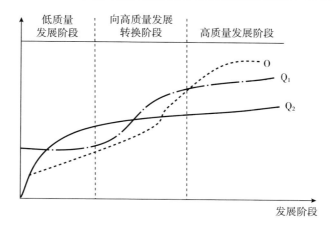

图 6-1　高质量发展三阶段

提升虽有一定的正向作用，但并不明显；生态、民生等其他方面需求（O）对效用的提升作用同样不明显。甚至一些时候产出质量（Q_1），其他方面需求（O）可能会对数量指标产生负向影响，二者还可能对效用产生负向作用。

经济发展到一定阶段后（相当于转向高质量发展阶段和高质量发展阶段），情况将发生显著变化。一方面，产出数量（Q_1）存在边际效用递减特征，且呈现加速递减趋势，最终不再对效用有提升作用。另一方面，产出质量（Q_1）和其他方面需求（O）对国民消费总效用的正向作用显著，在一定阶段呈现效用提升特征，之后边际效应递减至平稳。

包含数量和质量两种属性的总产出，既在生产函数的左侧，又在效用函数的右侧，是连接供求的重要变量。正是因为数量和质量两种属性对总效用的影响显著不同，才要求供给侧推动三大变革来提升产出质量层次，与需求侧相匹配。因而，转向高质量发展阶段后，更高品质的产出、更优质的生态环境、更公平合理的社会民生等将成为更优选择。人民群众对美好生活的需要、对产出数量的关注度逐步下降，而对产出质量以及社会公平、优美环境的需求和关注度上升，这为推动三大变革，提升全要素生产率，实现经济高质量发展提供了重要支撑。

我们将生产函数表示的供给端和效用函数表示的需求端结合起来，绘制了高质量发展三阶段的示意图。在前高质量发展阶段，最终产出数量的效用呈现边际递减特征，但仍占据主导地位，而最终产出质量、其他方面的需求边际效用为递增，但在效用函数中的地位仍不高。到了向高质量发展转换阶段，最终产出数量的效用继续边际递减，而最终产出质量、其他方面需求的边际效用呈加速递增态势，迅速超过最终产出数量的地位。进入高质量发展状态后，无论是最终产出数量、质量还是生态环境、公平正义等方面，都开始呈现边际效用递减特征，经济发展进入高质量的稳态。

三、以提高供给体系质量为主攻方向推动质量变革

党的十九大报告明确提出，把提高供给体系质量作为主攻方向，显著增强我国经济质量优势。提高供给体系质量，就是要推动理念、目标、制度以及具体领域工作细节的全方位变革，是一个系统工程，应从提升要素投入质量、提升中间品投入质量和提升最终产出质量三个环节着手推动。

一是提升要素投入质量。要素投入质量直接影响到中间品投入质量和最终产出的质量。要加快推进教育现代化，全面提高教育质量，建设知识型、技能型、创新型劳动者大军，培育支撑高质量发展的人力资本。要推动科技发展由数量型向质量型转变，建立支撑高质量发展的技术创新体系，加快实现关键共性技术、前沿引领技术、现代工程技术、颠覆性技术的创新突破。要加强工业互联网、工业大数据、现代供应链等数字经济时代产业基础设施建设，持续积累更多高水平高质量的技术装备和基础设施，全面提升基础支撑体系质量。要大力发展非化石能源，加快太阳能、风能、生物质能等可再生能源开发和利用。

二是提升中间品投入质量。这就要求构建起中高端的产业结构，并形成有效的产业间协同配套体系。要着力推动产业结构升级换代，加快发展先进制造业、现代服务业，加强基础设施网络建设，促进我国产业迈向全球价值链中高

端；加快培育产业竞争新优势，推进创新链与产业链协同发展，鼓励发展新技术新模式新业态，重点发展知识密集型、技术含量高、产品附加值高的现代产业；加快发展先进制造业，推动互联网、大数据、人工智能和实体经济深度融合，加快建设制造强国；瞄准国际标准加快发展现代服务业，提高生产性服务业专业化水平，推动制造与服务协同发展。以研发设计、现代供应链、人力资本服务、检验检测、融资租赁、电子商务等领域为重点，扩大服务业开放。深化农业供给侧结构性改革，加快推进农业现代化，构建现代农业产业体系、生产体系、经营体系，促进农村一二三产业融合发展，更好满足需求。

三是提升最终产出质量。要适应消费升级需求，提供更高质量、个性化、多样化的产品和服务。要开展质量提升行动，推进增品种、提品质、创品牌，不断提高产品的科技含量和人文含量。全方位实施质量强国战略，推动完善工业行业标准，积极对标国际先进水平。要营造良好的创新环境和政策环境，细化质量标准、严打假冒伪劣、弘扬工匠精神、严格质量管理、鼓励产品创新、强化优胜劣汰。要加快政策转型，推动支持特定行业的选择性和特惠式政策，向以普惠性、重点支持关键领域的功能性政策和竞争性政策转变，政策重心从扶持企业、选择产业转向激励创新、培育市场转变，加大普惠性财税政策支持创新创业力度，形成有利于新产品新服务涌现的政策环境。

四、以优化要素资源配置为重点推动效率变革

提高产出效率是经济学的永恒主题。推动效率变革的关键是要不断优化要素资源配置，主要从两方面着手努力：

一是持续优化要素投入结构。推动经济增长由依靠一般要素转向依靠高质量要素，由依靠要素投入转向依靠创新和效率提升，摆脱对资源能源、环境等要素投入的过度依赖，转到更多依靠人才、技术、知识、信息等高级要素的轨道上。多途径提高全要素生产率，推进以要素市场化、健全产权制度、破除垄断、完善政府体制、扩大开放领域等为主要内容的第二次改革开放，持续释放

制度红利；深入实施创新驱动发展战略，完善以企业为主体、市场为导向、产学研深度融合的技术创新体系，加快攻克一批关键核心技术，促进更多的智力成果转化为技术成果、更多的技术成果转化为产业成果，提高科技进步对经济增长的贡献率。

二是持续改善关键要素的投入产出效率。深入推进土地、户籍、金融等领域改革，加快建立城乡统一的建设用地市场，探索建立多元化的金融机构体系，健全多层次资本市场体系，消除对要素市场的行政管制和不合理限制，打破地域歧视和市场分割，推动要素在更多市场主体之间、更大范围内合理流动和优化组合，为提高人力资本、资本、土地、能源等关键要素配置效率创造良好环境。进一步化解过剩产能、清理"僵尸企业"，盘活存量资本、提高资本配置效率。进一步优化投资结构，严格控制政府在基础设施、产业发展和社会事业发展领域的盲目投资和重复建设，引导资金投向发展"短板"领域，改善区域投资结构，提高区域空间投资（资本）配置效益效率。加快推动电力、石油、天然气市场化改革，建立权责清晰、运行高效、监督有力的能源管理体系，建立健全能源价格市场形成机制，提高能源资本利用效率。

五、以科技创新和体制改革为中心推动动力变革

实现高质量发展关键是创新驱动，即着力推进以科技创新为核心的全面创新。创新驱动实质上是一种经济发展方式，是经济增长动力由资源、投资等一般要素向知识、创新、人力资本等高级要素转换的过程，是发展质量不断提高的过程。创新可以提高产出质量，可以创造替代要素，改变要素组合方式，提高经济效率，可以开发新技术、促进产业升级，还可以破解或缓解资源环境约束，实现可持续发展。其中，科技创新和体制改革是两大核心引擎。

一要依靠科技创新。习近平总书记指出："之所以要把科技创新摆在这样突出的位置上，是因为这是加快转变经济发展方式、破解经济发展深层次矛盾和问题、增强经济发展内生动力和活力的根本措施。"要强化产业重大技术

（标准）的战略选择、预警机制以及关键共性技术研发，实现关键共性技术、前沿引领技术、现代工程技术、颠覆性技术的创新突破。完善国家创新体系，完善以企业为主体、产学研结合的技术创新体系。探索实施现代企业、现代大学和科研院所制度，健全技术转移与成果转化的收益分配制度。加强科技资源统筹利用，引导更多创新资金流向企业。优化对各类科学研究的支持方式，着力改革和创新科研经费使用和管理方式。打造科技金融生态圈，培育多元化的风险投资主体和中介服务机构，形成覆盖创业企业成长阶段的多种风险资本链条。

二要依靠体制改革。要通过体制优化、规模效应、组织管理改善等不断增强效率提升的内生动力。这就要在体制改革上下功夫，持续释放制度红利。要以完善产权制度和要素市场化配置为重点推进经济体制改革，加快深化要素市场改革，加快推进土地制度改革、国有企业改革、财税体制改革、金融体制改革和政府管理体制改革等，提升要素市场的开放性、竞争性和优化配置资源的能力。要进一步完善现代产权制度，健全以公平为核心原则的产权保护制度，完善激发民间投资的体制机制，进一步放宽市场准入、拓展融资渠道、改善营商环境、强化权益保障，稳定民营企业市场预期和投资信心，抓紧解决产权保护方面存在的突出问题，加快建立产权保护长效机制，激发各类经济主体的活力和创造力。通过体制改革，实现产权有效激励、要素自由流动、价格反应灵活、竞争公平有序、企业优胜劣汰，不断增强经济持续健康发展的内生动力。

第三节　推动河北省高质量发展的政策建议

根据前面实证分析结果，结合河北省经济高质量发展实际情况，河北省要认真贯彻新发展理念，从创新、协调、绿色、开放和共享五个方面，不断提升河北省高质量发展水平和质量。

一、坚持创新发展，全面塑造发展新优势

河北省要深入实施创新驱动发展战略，面向世界科技前沿、面向国家重大需求、面向经济主战场、面向人民生命健康，实现创新驱动内涵式增长。

（一）实施科技强省战略，提高创新供给能力

河北省要落实科技强国行动纲要，实施科技强省战略，从创新投入、创新主体、创新环境、创新人才、创新机制等方面开展创新链布局。通过强化应用基础研究、创新平台建设、关键核心技术攻关等，提高技术源头供给能力。

1. 整合优化科技资源力量，形成具有竞争力创新链

一是加强基础研究。不断提高基础研究经费投入比重，注重原始创新。落实国家基础研究十年行动方案，争取谋划建设优势基础学科研究中心，布局重大科技基础设施。二是突出应用研究。面向国家、河北省重大战略需求，围绕前沿领域，部署区块链、机器人、人工智能、合成生物等产业化研究和应用场景。三是打造具有较强竞争力、协同高效、自主可控的创新链。不断调整优化学科布局、研发布局。对接京津创新资源，完善合作机制，瞄准京津冀具有协同优势的战略性新兴产业领域，打造科研院所与高校科教联合体，形成资源优化配置，协同推进的创新链。

2. 打好关键核心技术攻坚战，攻克一批"卡脖子"技术

一是瞄准前沿领域实现关键核心技术重大突破。积极参与国家战略性科技计划和科学工程。在人工智能、生命健康、量子信息、航空航天、集成电路等实施一批发展急需的重大科技项目。在机器人、大数据、生物医药、基因工程及新发突发传染病等领域攻克一批关键技术。二是瞄准重点产业发展、重点民生需求攻克一批"卡脖子"技术。攻克一批培育产业新优势的技术，如先进金属材料、输变电装备、太阳能光伏、先进轨道交通装备、高端精细化工等领域；攻克一批"卡脖子"技术，如在储能氢能、新型显示、现代通信等领域。

三是瞄准国家安全需求，实施科技示范工程，部署重大科技专项，在粮食安全、生物安全、能源安全风险防控等领域开展技术创新。

3. 建设河北雄安创新驱动发展引领区，打造协同创新高地

一是规划建设河北雄安创新驱动发展引领区。推动国家级创新平台、高水平研发机构在雄安新区布局落地。推动雄安新区成为区域科技创新中心，成为自主创新、原始创新的源头和策源地。二是积极对接京津创新资源。实施县域科技创新跃升计划，深入推进全面创新改革实验和创新型城市建设。规划建设高水平中试基地，实现园区、基地、技术市场共建，联合建设孵化培育平台、协同创新平台、成果转化产业基地，共同承担国家重大科研项目。

（二）健全技术创新机制，提升企业创新活力

一方面，河北省要通过完善鼓励企业技术创新政策，实现创新各类要素向企业集聚，提升企业创新能力和实力；另一方面，要构建良好的技术创新体系，以企业为主体、市场为导向实现产学研深度融合，提升企业创新活力。

1. 健全产业技术研发机制，强化企业创新主体地位

一是健全企业主导的产业技术研发机制。要支持企业、高校、科研机构共建创新联合体，发挥企业家在创新中的关键作用，面向市场需求，开展重大科技攻关，实现新技术大规模快速应用和迭代升级。二是充分发挥政策优势，激励科技型中小企业创新发展。在税收优惠政策、普惠性政策、政府采购政策等方面加强对科技型中小企业的财税、金融支持力度，促进科技型中小企业的产品和服务创新。三是实施企业引才支持计划，建立面向企业的人才导向机制。要引导各类人才向企业汇集，鼓励高校、科研院所等机构科研人员到企业兼职兼薪或离岗创业。

2. 建立创新型企业梯度培育机制，推动产业链协同发展

一是实施科技领军企业打造行动。支持行业龙头企业探索设立行业创新平台，打造一批引领产业技术创新方向的科技领军企业，充分发挥龙头企业、科技领军企业引领支撑作用。二是实施高新技术企业和科技型中小企业"双提

升"计划。完善后备培育库制度，推动更多高新技术企业成长为科技领军企业。做强培育服务机构，加大高新技术企业精准培育力度，打造产业创新发展主力军。创新科技型中小企业支持政策，支持创新型中小微企业成为创新重要发源地。三是实施科技企业孵化器和众创空间提升计划。打造科技企业全链条孵化育成体系，大力发展专业化国际化众创空间，推动产业链上中下游、大中小企业融通创新、协同发展。

3. 推进产学研用深度融合，构建企业创新技术体系

一是发展一批产业技术创新联盟。建立从产业中凝练科学问题机制，打造科技、产业、教育、金融紧密融合的创新体系，推进产学研用深度融合。二是加快河北省产业技术研究院改革发展。打造产业技术研发转化先导中心，提升省级以上重点实验室、工程研究中心、企业技术中心研发及成果转化能力。鼓励有条件的地区依托产业集群创办混合所有制产业技术研究院，培育建立一批企业化运作的产业创新中心、行业研究院、技术创新中心等新型研发机构。三是建设新型校企研发平台。加强行业领军企业与省内外高校深度合作，打造以企业为主体，协同高效的新型校企研发平台。

（三）培育转化服务体系，打造"快转"主阵地

河北省要加快培育专业化、国际化的科技成果转移转化服务体系，发挥创新主体集聚优势和各类园区创新资源，打造"快转"主阵地，推进京津冀创新链、产业链融合发展。

1. 加强园区合作共建，做强高能级科技成果转化载体

一是加快推进科技成果转化应用示范区建设。通过河北·京南国家科技成果转移转化示范区、河北雄安新区人工智能成果转化应用示范区建设，让一批重大科技成果转化落地。二是做大做强国家高新区。鼓励石家庄、保定、唐山、承德等国家高新区争比进位。推动沧州、衡水、张家口省级高新区升级为国家高新区。支持邯郸、邢台创建国家高新区，在基础较好的市县布局建设一批省级高新区。三是加强园区合作共建。建设一批合作园区，强化与国内外知

名科技园区、企业总部、高等学校、科研院所合作，共建一批科技研发中心、科技成果孵化基地。四是实施新场景应用示范工程。建设一批高含金量应用场景，在人工智能、生物技术、新一代通信技术、氢能、前沿新材料、冰雪产业等领域，吸引全球新技术成果首发首试。

2. 推进京津冀技术市场一体化，构建技术转移服务体系

一是推进京津冀技术市场一体化，提高科技成果在河北孵化转化成效。共建科技成果转化项目库，探索共同出资支持科技成果转化，完善配套政策及利益共享机制，大幅提高科技成果在河北孵化转化成效。二是推动河北省科技成果展示交易中心快速发展。支持重点高校建设技术转移中心和大学科技园，打造国家技术转移河北（正定）中心。大力发展评估、咨询、专利代理等专业化、市场化技术转移机构和技术经理人队伍，构建功能完善、运行高效的技术转移服务体系。三是建设高标准技术市场和知识产权市场体系，加强标准、计量、专利建设。

（四）实施人才强冀战略，培育创新人才高地

河北省要大力实施人才强冀战略，培养具有国际竞争力的青年科技人才后备军，引进国际一流的科技领军人才和创新团队。深化人才发展体制机制改革用好人才，打造创新人才高地。

1. 加大创新人才引进力度，打造面向海内外的"冀才"品牌

一是聚焦重点产业创新需求，推动产业需求与人才供给精准匹配。以产业集聚人才、以人才引领产业，构建产业人才数据库，精心筛选符合产业特色的领军人才。绘制产业人才地图，研究制定人才需求、资源、项目和政策四张清单，靶向招引高端人才项目落户。二是加强招商引资与招才引智协调联动。发挥开发区主阵地作用，强化招才引智内生动力，建立人才招引与项目招商同步奖励、同步考核机制。三是加强科技人才培育力度，打造面向海内外的"冀才"品牌。持续推进"巨人计划"，加大院士后备人才培养力度，实施名校英才入冀工程，培育和引进战略科技人才，科技领军人才和创新团队。办好院士

专家河北行、中国河北高层次人才交流会等引才活动。

2. 打造高水平人才聚集平台，集聚一批引领科技前沿的领军人才

打造高水平人才集聚平台，以平台聚人才、引项目，实现高效聚才、集约引才。一是规划建设并争创国家级人力资源服务产业园，实现科技创新、信息共享、金融配套、企业孵化等功能。二是打造人才聚集局部高地，推动建设一批会聚高端人才的国别园、园中园，支持自贸试验区、高新区、经开区人才政策创新。三是实施"引才飞地"计划，在国内外创新人才会聚的城市创设创新孵化器、创新创业基地，与国内外知名高校和科研院所共建一批产业研发中心，加快集聚一批具有国际视野、引领科技前沿的领军人才。

3. 完善各类人才工程计划，加强创新型应用型技能型人才培养

完善各类人才工程计划，推动形成多领域、多层次人才成长梯队。一是培养一批青年科技人才。开展大规模继续教育活动，聚焦经济社会发展、科技创新等重要领域，实施知识更新工程，提高专业技术人才创新能力。加大基础研究人才培育力度，加快新型研究型大学建设。二是壮大高水平工程师和高技能人才队伍。完善技能人才队伍建设政策措施，实施技能提升行动，促进高技能人才与专业技术人才职业发展贯通。开展职业技能竞赛，打造一批骨干职业技术学院。加强高技能人才培训基地、技能大师工作室建设，通过科教融合、校企联合等模式，造就宏大产业工人队伍，做到有理想守信念、敢担当讲奉献、懂技术会创新。三是培养农村青年拔尖人才。健全人才向基层一线、艰苦地区、农村等流动的促进政策机制，实施农村青年人才开发工程，促进乡村人才振兴。

4. 健全人才激励和保障机制，增强对人才的吸引力和会聚力

加大政策创新力度，完善聚才、引才、用才机制，健全以创新能力、质量、实效、贡献为导向的科技人才评价体系。一是深化职称制度改革，探索弹性薪酬制度。坚持评聘分开改革方向，畅通职称申报渠道，保障非公有制经济组织、自由职业、社会组织等专业技术人员的职称评审权益。二是建立科技人

才潜心科研机制。为增强人才凝聚力、吸引力，实行股权、分红、期权等激励措施，构建完善的收益分配机制，充分体现知识、技术等创新要素价值。优化人才管理计划，拓展科研管理新路径、新体制，为科研人员全方位松绑。三是创新人才交流合作机制。探索人才编制管理新机制，建立高端人才双聘制度，吸引"候鸟型"人才创新创业。扩大科研院所、高校的用编用人自主权，支持科研事业单位试行更灵活的编制、岗位、薪酬等管理制度，推动科研机构建立健全现代院所制度。

（五）完善科技创新体制，形成互动创新生态

河北省要深化科技与教育、金融、产业跨界融合，完善科技创新体制机制。通过灵活化的用人机制、多样化的投资主体、市场化的运行机制、现代化的管理制度，形成多领域互动、多要素联动、多主体协同的创新生态。

1. 深入推进科技体制改革，提高科技产出效率

一是整合财政科研投入，健全投入机制。加大前沿基础研究投入，实行长周期稳定支持政策，聚焦事关国计民生、打基础利长远的创新领域。奖励企业加大研发投入，提高全社会研发支出占 GDP 比重，健全以政府投入为主、社会多渠道投入机制，探索非竞争性、竞争力"双轨制"科研经费投入机制。二是探索科研项目管理机制。实行"军令状""揭榜挂帅""赛马"等制度，推行技术总师负责制，推动项目、基地、资金、人才一体化配置，给予创新领军人才更大技术路线决定权和经费使用权。三是完善科技评价机制。探索实行基础研究长周期评价，建立自由探索型和任务导向型科技项目分类评价制度，健全非共识科技项目评价机制。四是深入推进科技体制改革。完善科研人员校企、院企共建双聘机制。建立符合科技成果转移转化规律的市场定价机制和市场化的国有技术类无形资产协议转让制度。创新科技成果市场定价、收益分配、产权管理、转化评价机制，带动国有资产确权、变更等相关领域改革。鼓励高校、科研院所设立科技成果转移转化专岗，扩大科研自主权，深化科研院所改革，提高科技产出效率。支持公益类科研院所开展社会化服务，实施科教

类事业单位差异化分类管理。

2. 强化创新政策协调联动，健全科技创新综合服务体系

一是建立健全科技创新综合服务体系。围绕创新链完善政策链，推动科技政策与产业、财政、金融等政策有机衔接，打造全链条、专业化公共服务平台。二是推动创新、创业、创投、创客四创联动。加快发展天使投资、创业投资，引导金融机构为创新创业提供有针对性的金融产品和差异化服务，发展"创投机构+众创空间"模式，鼓励民间资本设立创业投资基金。三是实施知识产权创造提升工程。落实知识产权强国战略，推动高价值发明专利拥有量持续增长。强化知识产权保护，完善知识产权转化运用激励政策和市场运行体制机制。四是实施专利导航工程，提升创新质量和效率。更好地保护和激励高价值专利，优化专利资助奖励政策和考核评价机制，培育专利密集型产业。

3. 加强科技创新开放合作，共享共用科技成果

一是依托《"一带一路"科技创新行动计划》，共建技术转移与创新合作平台。支持研发机构、跨国公司在河北省设立高水平研发机构。二是瞄准国内创新资源集聚区，引进一批长三角、粤港澳大湾区等地重大战略性创新平台。三是推动京津中央企业、高水平科研院所与河北研发机构共享科技资源，共用科技成果。

二、坚持协调发展，推动区域协调发展

河北省要健全区域协调发展体制机制，深入实施主体功能区战略，完善国土空间治理，构建高质量发展的区域经济布局和国土空间支撑体系，优化区域发展格局。

（一）实施差异国土空间政策，优化空间开发保护格局

河北省要实施差异国土空间政策，优化重大基础设施、公共资源和重大生产力布局，形成高质量发展、优势互补、主体功能明显的国土空间开发保护新格局。

1. 完善国土空间规划体系，提高空间利用质量和效率

一是落实《全国国土空间规划纲要（2021-2035年）》，确保"一张蓝图干到底"，严格审批和监管，完善规划法规政策体系，推动总体规划、专项规划和详细规划有机衔接。二是严格落实三条控制线：城镇开发边界、永久基本农田、生态保护红线，提供空间利用质量和效益。

2. 实施差异化空间政策，形成三大空间格局协调发展局面

按照主体功能定位实施差异化国土空间政策，逐步形成城市化地区、农产品主产区、生态功能区三大空间格局。一是支持城市化地区高效率聚集经济和人口，保护基本农田和生态空间，落实最严格的土地节约集约利用制度，促进各类要素集聚，推动创新驱动发展和产业结构升级，提高发展质量和效益。二是支持农产品主产区增强农业生产能力，优先保障农产品生产安全，推进农业现代化，严格控制农业面源污染，构建绿色可持续的乡村生产生活空间。三是支持生态功能区把发展重点放在保护生态环境、提供生态产品上，强化生态服务功能，改善生态环境质量，鼓励发展各类生态环境友好型产业，实施财政转移支付政策，支持生态功能区的人口逐步有序转移，科学合理调整优化生态功能布局。

（二）落实推进重大国家战略，实现区域协调融合发展

河北省要聚焦落实重大国家战略，优化提升四大战略功能区功能，支持特殊类型地区加快发展，实现区域协调、融合、互动发展。

1. 优化提升四大战略功能区，促进区域协调发展

一是打造与京津一体化发展先行区。环京津核心功能区重点抓好北京非首都功能疏解承接工作，加快北京大兴国际机场临空经济区、廊坊北三县等重点区域人口产业集聚发展。二是打造环渤海高质量发展新高地。沿海率先发展区重点发展战略性新兴产业、先进制造业以及生产性服务业，加强港口联动、园区协作，推进开放开发，强化要素聚集、项目聚集、产业聚集。三是打造制造强省战略支撑区。冀中南功能拓展区重点承担农副产品供给、科技成果产业化

及高新技术产业发展功能，推动产业绿色转型，建设城乡融合发展示范区。四是打造生态引领示范区。冀西北生态涵养区重点发挥生态保障、水源涵养、旅游休闲等功能，大力发展绿色产业和生态经济，规划建设燕山—太行山自然保护地。

2. 坚持分类施策完善政策体系，支持特殊类型地区发展

坚持分类施策，完善政策体系，统筹推进特殊类型地区振兴发展。一是支持革命老区传承红色基因，振兴发展。二是促进民族地区实现现代化。进一步完善落实差别化区域政策，优化财政转移支付机制，推进民族地区基本公共服务均等化。三是加快生态退化地区生态功能保护与修复，有效改善和保障生态服务功能。四是推动资源型地区转型发展。深入实施采煤沉陷区、独立工矿区改造提升，培育接续替代产业。五是支持老工业地区更新发展。加强工业遗产保护利用，重构产业竞争优势。

（三）加大沿海经济带发展力度，构筑环渤海发展新高地

河北省要坚持陆海联动、港口带动、港产城融合思想，加大沿海经济带发展力度，大力发展海洋经济、临港产业，构筑环渤海发展新高地。

1. 实施港口转型升级工程，打造内通外联的海陆枢纽

一是实施港口转型升级工程，加快建成富有竞争力的现代化港口群。完善唐山港、秦皇岛港、黄骅港集疏运体系。打造唐山港成为服务重大国家战略的能源原材料主枢纽港、综合贸易大港和面向东北亚开放的桥头堡。打造秦皇岛港成为国际知名旅游港和现代综合贸易港。打造黄骅港成为现代化综合服务港、国际贸易港和河北雄安新区便捷出海口。谋划建设河北雄安新区到黄骅港快速通道，积极发展陆海联运业务。二是打造内通外联的海陆枢纽。布局建设内陆"无水港"，实施陆港集群、多式联运枢纽建设工程，促进沿海与内陆腹地互动发展。

2. 大力发展临港产业和海洋经济，打造现代海洋产业体系

一是做大做强临港产业。推动钢铁、重型装备、石化等重化产业向沿海集

聚，打造世界一流的精品钢铁基地、全国一流的绿色石化和合成材料基地、特色鲜明的高端装备制造基地。二是大力发展海洋经济。做强现代港口商贸物流产业，科学开发利用海洋资源，推进海水淡化和综合利用，拓展海洋工程装备制造，提升海洋生物医药产业水平，打造滨海旅游精品，延伸海洋生物产业链条，实施"智慧海洋"工程，培育海洋经济新业态，谋划建设海洋经济发展示范区和特色海洋产业集群。三是打造现代海洋产业体系。拓展港口保税仓储、进出口贸易和物流信息处理等国际物流服务功能，加强港口与开发区、自贸试验区、综合保税区联动发展。

3. 深化港产城融合发展，打造现代化沿海城市

一是深化港产城融合发展。深入推进唐山、沧州"一港双城"建设，大力发展曹妃甸、渤海新区、北戴河新区等滨海新城，加快形成新的经济增长点。以港促产、以产促城、以城促港，加快补齐基础设施和公共服务短板，增强要素承载能力，促进产业和人口聚集。二是打造现代化沿海城市。深入落实"三个努力建成"的重要目标，把唐山建设为东北亚地区经济合作窗口城市、环渤海地区新型工业化基地、首都经济圈重要支点。把秦皇岛建设为全国高新技术产业及先进制造业基地、国际滨海休闲度假之都、健康城、一流国际旅游城市。把沧州建设为全国一流合成材料基地、中国大运河文化重要承载地、环渤海地区重要现代化工业城市。

三、坚持绿色发展，构筑生态环境支撑区

河北省要践行"绿水青山就是金山银山"理念，坚定不移走生态优先、绿色发展之路，实施可持续发展战略。在污染防治、生态修复、人居环境改善等方面构建生态文明制度体系，推进碳达峰碳中和，建设美丽河北。

（一）加强政策设计，提升绿色低碳发展能力

河北省要加强生态文明建设整体布局和政策设计，加快重点行业、重点领域绿色低碳发展，为实现碳达峰碳中和提供基础和条件。

1. 发展绿色低碳产业，实施重点行业减污降碳行动

一是发展绿色低碳产业。构建绿色供应链和绿色低碳制造体系。实施重大节能低碳技术改造示范工程，围绕钢铁、火电、水泥、焦化等传统产业行业，开展碳捕集利用与封存重大项目示范。打造一批碳达峰碳中和示范园区，持续降低企业碳排放强度。二是实施重点行业减污降碳行动。认真落实《完善能源消费总量和强度双控制度方案》。实施可再生能源替代行动，严格控制化石能源消费。强化固定资产投资项目节能审查，坚决遏制高耗能高排放项目盲目发展，严禁违规新增产能。

2. 推进重点领域低碳发展，提升生态系统碳汇能力

一是推动重点领域低碳发展。继续实施"公转铁"工程，优化调整运输结构，加快推进大型工矿企业、物流园区、港口码头铁路专用线建设，持续降低运输能耗和碳排放强度。推动城市公交、物流配送车辆电动化，健全节能家电和新能源汽车推广机制。新建建筑全面执行绿色建筑标准，大力发展节能低碳建筑，加快推进既有建筑节能改造。支持被动式超低能耗建筑和装配式、钢结构建筑产业发展。二是提升生态系统碳汇能力。加大甲烷、氢氟碳化物、全氟化碳等温室气体控制力度。严格保护各类重要生态系统，有效地发挥草原、湿地、海洋、土壤固碳作用。

（二）加快"两区"建设，实现生态强市绿色发展

河北省要依托首都水资源涵养区、生态环境支撑区建设，以水定地、以水定产、以水定人、以水定城，实现生态强市、生态兴市绿色发展之路。

1. 增强水源涵养功能，打造首都水源涵养区

一是增强水资源涵养功能。增加森林、草原、湿地面积，拦截、蓄滞、过滤、净化降水，涵水于地、涵水于林草，提高生态涵水功能。二是打造首都水资源涵养区。积极推动洋河、桑干河、清水河等永定河上游、白河等河道及流域综合治理与生态修复工程，加强官厅水库、密云水库上游地区综合治理、生态修复和统筹利用。统筹实施跨流域调水补水工程，开展生态清洁小流域治

理，完善地表蓄水网络格局。

2. 强化生态环境支撑，打造首都生态环境支撑区

一是精准提升森林质量。实施差异化植树造林与管护，着力构建京北防护林体系，增强森林生态系统功能。二是加强草原生态建设。以坝上地区为重点，巩固和提升休耕种草成果，加快草原生态示范区和草原公园建设，积极实施退化草原生态修复、草原管护体系建设、京津风沙源治理等重点生态工程，全面提升草原生态功能、生产价值和服务价值。三是实施退耕还湿工程。加快坝下湿地植被恢复和鸟类栖息地环境改善，修复坝上高原湿地链，保护重点流域上游湿地，持续推进国家和省级湿地公园建设。

（三）实施节水行动，优化水资源配置利用效率

河北省要实施全社会节水行动，通过节、引、调、补、蓄、管等优化水资源配置，提升水资源配置利用效率。

1. 加大引调外部水力度，优化水资源配置效率

一是加大引调外部水力度。充分利用引江水、引黄水，补充生产生活用水，替代地下水。实施滹沱河、南拒马河、滏阳河等河道及白洋淀、衡水湖、南大港常态化补水，持续回补地下水。二是加快推进非常规水利用。推广微咸水、地表水轮灌混灌。加大再生水、雨洪水、海水淡化水等利用力度。加强人工增雨（雪），开发利用空中水资源。

2. 实施全社会节水行动，提升水资源利用效率

一是实施全社会节水行动。大力实施农业节水，推进工程节水、休耕退耕、旱作雨养和节水品种推广，压减高耗水粮食作物，积极推行农艺节水措施，大力推进高效节水灌溉。加强城镇节水改造，实施供水管网改造，降低供水管网漏损率，推进公共领域节水，推广使用生活节水器具，建设节水型城市。二是不断提升水资源利用效率。严控高耗水行业，推进工业节水改造和高耗水工业结构调整，推广先进节水工艺、技术和设备，提高工业用水重复利用率。加快农村生活供水设施建设与改造，推行农村生活用水一户一表和计量

收费。

（四）加快绿色转型，构筑生态安全发展格局

河北省要建立健全绿色循环发展经济体系，打造绿色发展样板。打造全民共治、系统防治和源头联治的污染防治体系，不断改善环境治理。筑牢京津冀生态安全屏障，提升生态系统质量和稳定性。

1. 健全绿色循环发展经济体系，加快生产生活方式绿色转型

建立健全绿色循环发展经济体系，打造绿色发展样板，推进清洁生产，倡导绿色生活方式，实现人与自然和谐共生。一是推行绿色清洁生产，健全绿色循环发展经济体系。二是倡导绿色生活方式，建设人与自然和谐共生的现代化。三是完善资源节约集约循环利用政策，提高资源利用效率。

2. 持续深化污染防治，改善生态环境质量

通过依法、科学、精准治理大气污染、水污染和土壤污染，打造全民共治、系统防治和源头联治的污染防治体系，不断改善环境治理。一是深入打好蓝天、碧水、净土保卫战，不断改善环境治理。二是系统推进水污染治理，持续改善水环境质量。三是坚持以预防为主保护优先，扎实开展土壤污染防治。四是实施农药化肥减量行动，加强农业面源污染防治。五是坚持陆海统筹，深化近岸海域综合治理。

3. 全面保护山水林田湖草沙生态系统，构筑生态安全格局

遵循山水林田湖草生命共同体理念，实施全方位、全过程和全地域的生态修复和保护。要坚持顺应、尊重、保护自然的思想，筑牢京津冀生态安全屏障，提升生态系统质量和稳定性。一是实施保护修复重大工程，提升生态系统质量和稳定性。二是统筹山水林田湖草沙系统治理，构筑生态安全格局。三是建立生态产品价值实现机制，实现生态效益和产业发展双赢。

四、坚持开放发展，扩大高水平对外开放

河北省要深入实施开放带动战略，提升对外开放平台功能，深度融入

"一带一路"建设。要将高质量"引进来"和高水平"走出去"有机结合起来，形成多层次、多元化、全方位对外开放新格局。

（一）建设开放型经济体制，实现更深层次开放发展

河北省要稳步拓展管理、标准、规则等制度型开放，持续深化商品和要素流动型开放，经济推进贸易和投资便利化、自由化，实现更大范围、更深层次开放。

1. 落实与国际通行规则相衔接战略部署，加快推进制度型开放

落实与国际通行规则相衔接的战略部署，完善对外开放制度体系和监管模式。一是全面实施准入前国民待遇加负面清单管理制度，促进内外资企业公平竞争。二是衔接国际经贸新规则，争取国家支持在竞争中立、劳工标准、电子商务、数据流动等服务领域开展先行先试。三是优化出入境、海关、外汇、税收等环节管理服务。

2. 完善对外开放监管和风险防控体系，健全开放安全保障体系

一是要完善对外开放监管和风险防控体系，加强产业损害预警，用好贸易调整援助、贸易救济等政策工具，妥善应对经贸摩擦。二是加强重要资源和产品全球供应链风险预警，完善境外投资分类分级监管体系，维护产业安全和发展利益。落实外商投资国家安全审查、国家技术安全清单管理、不可靠实体清单等制度，推动建立外资企业准入阶段协助国家有关部门进行安全审查的工作机制。

（二）融入"一带一路"建设，形成多元化经贸合作格局

河北省要深度融入"一带一路"建设，加快优势产品、优势产能"走出去"，营造有利的外部发展环境，形成多元化经贸合作格局，实现高质量发展。

1. 加强政策对接和国际交流，营造有利的外部发展环境

一是将推进"一带一路"建设与河北省重大战略机遇和对外合作机制相对接，促进政策、规则、标准联通。二是发挥中国—中东欧（沧州）中小企业合作区的平台作用，深化中国—中东欧国家合作，加强地方政府间友好交

往。三是围绕促进民心相通，深化河北省与沿线国家在公共卫生、数字经济、绿色发展、科技教育、文化旅游等领域的人文合作，主动融入数字丝绸之路、创新丝绸之路、绿色丝绸之路、健康丝绸之路等领域，全面提升开放发展新优势和国际交往软实力，为全省对外开放营造有利的外部发展环境。

2. 推动设施联通和贸易畅通，形成多元化经贸合作格局

一是围绕加强设施联通，积极参与沿线国家基础设施建设，稳定开行中欧、中亚班列，开辟河北—东盟班列，加快西部陆海新通道建设，完善空港物流枢纽，开辟和增加国际航线、班轮、班列，畅通人流物流大通道，保障国际物流链畅通。二是着力开辟多元化市场，把与沿线国家合作作为开辟外贸市场的发力点，以区域全面经济伙伴关系合作协定、中欧双边投资协定落实为契机，深耕亚洲、欧洲市场，拓展非洲、拉美区域，深化与"一带一路"沿线国家的贸易合作，扩大与周边国家及独立国家联合体贸易规模，加快形成彰显河北产业特色、产品特点的多元化经贸合作格局。

（三）推动自由贸易试验区发展，打造高水平开放新高地

河北省要强化自由贸易试验区示范引领作用，增强开放发展新动能，集聚更多高端高新企业和优质要素，以开放促改革与发展，打造高水平开放新高地。

1. 落实功能定位，强化自由贸易试验区示范引领作用

加快把雄安片区打造成高端高新产业开放发展引领区、数字商务发展示范区、金融创新先行区；把正定片区打造成航空产业开放发展集聚区、生物医药产业开放创新引领区、综合物流枢纽；把曹妃甸片区打造成东北亚经济合作引领区、临港经济创新示范区；把大兴机场片区打造成国际交往中心功能承载区、国家航空科技创新引领区、京津冀协同发展示范区。

2. 创新制度供给，加快建设全球创新高地和开放发展先行区

一是聚焦自贸区投资贸易便利化、金融业务创新、政府职能转变、产业开放发展等重点领域，主动开展首创性、差别化改革探索。二是积极争取赋予自

由贸易试验区更大的自主发展、自主改革和自主创新管理权限，构建自由贸易试验区制度创新和开放政策体系，优化人才全流程服务体系，集聚全球优质生产要素，引领全省提高产业国际化水平和制度竞争力。三是对标国际先进规则，加快建设贸易投资自由便利、金融服务开放创新、政府治理包容审慎、区域发展高度协同的全球创新高地和开放发展先行区。

3. 加快聚集发展，打造企业聚集新高地和开放发展新引擎

一是支持各片区创新招商引资优惠政策，优化精准招引机制，创新招商引资模式，引进一批创新型、外向型标志性项目和企业，推动一批大项目、好项目落地实施，打造外资外贸企业聚集新高地和开放发展新引擎。二是建立京津冀自贸试验区深度合作机制，推动自贸试验区与省内周边区域、重点开放平台优势叠加、协同开放、联动发展，最大限度地释放自贸试验区开放发展红利。

（四）提升开发区能级与水平，打造开放型经济新高地

河北省要推进开发区在制度、科技、开放方面创新，激发对外经济活力，充分发挥开发区转型升级示范区、开放发展主战场作用，提升队伍合作水平，打造开放型经济新高地。

1. 推进集约集群发展，培育壮大特色产业集群

一是加强产业布局统筹协调，引导各类开发区聚焦主导产业，实施精准定向招商，完善公共服务平台，构建产业创新发展生态体系，积极培育壮大优势突出、特色鲜明、错位发展的特色产业集群。二是支持开发区引进国内外知名研发机构，建设一批产业共性技术创新平台、重点实验室、工程技术（研究）中心、制造业创新中心、数字产业创新中心和工业设计中心。三是优化工业企业布局，坚决关停取缔一批、就地改造一批、进区入园一批、做优做强一批。实施跨区域组团化重组整合、集团化联动发展，培育壮大一批超千亿元开发区。

2. 深化开发区体制机制改革，增强体制机制活力

一是坚持去行政化和市场化改革方向，持续深化开发区体制机制改革，加

大开发区管理体制、人事薪酬制度等改革力度，创新投资、建设、运营、招商市场化机制，加强与专业化园区运营商合作，提高市场化开发运营水平。二是完善考核评价体系和激励约束机制，提高开发区产业水平、投资强度、亩均收益。探索建立经济管理权限下放长效机制，赋予有条件的开发区相应的省级经济管理权限，促进开发区经济发展主责主业做大做强、做特做优，鼓励有条件的开发区向城市综合功能区转型。

（五）提升对外经贸合作水平，培育参与国际竞争新优势

河北省要深化跨区域战略合作，优化外贸质量结构、国际市场布局。坚持优势互补、双向合作、质效同进原则，提高国际化双向投资水平，培育参与国际竞争合作新优势。

1. 实施外贸综合实力提升工程，优化外贸质量结构和布局

一是完善外贸企业帮扶政策，加大出口信用保险支持力度，健全银企对接、风险防范等服务体系。支持民营企业、出口百强企业和行业出口领军企业扩大出口规模，培育一批进出口超百亿元外贸龙头企业。推动国家和省级外贸基地创新发展，扩大高质量、高技术、高附加值产品贸易。加快唐山、石家庄和河北雄安新区跨境电商综合试验区建设，培育一批跨境电子商务示范平台、企业和园区。支持企业共建共享海外仓。推动石家庄、曹妃甸、廊坊、秦皇岛、北京大兴机场五个综合保税区加快发展，积极争取设立雄安新区、黄骅港等综合保税区。二是加强商标、地理标志品牌建设，培育行业性区域性品牌，建设河北品牌境外展示中心，培育自主出口品牌。加快发展服务贸易，积极推动服务贸易高质量发展示范基地（集聚区）、示范企业建设。发挥商会协会组织民间交往作用，完善对外经贸交流合作网络。三是大力推进国际贸易"单一窗口"建设，提升跨境贸易便利化水平，打造高效便捷的口岸营商环境。扩大高品质消费品和服务进口，丰富居民消费选择，引导境外消费回流。

2. 提高国际双向投资质量，提高国际化双向投资水平

一是更大力度吸引和利用外资，全面优化外商投资服务。积极开展精准招

商、产业链招商，聚焦重点产业，强化上下游产业配套招商，补齐、延伸产业链条。积极参与中国国际进口博览会，办好中国国际数字经济博览会、中国·廊坊国际经济贸易洽谈会，瞄准世界 500 强和行业领军企业、隐形冠军企业，组织企业开展精准对接，完善重大涉外经贸活动签约项目跟踪落地机制。二是全面执行外商投资法，完善投资促进政策，推动投资自由便利化。鼓励企业境外发债，拓宽跨境融资渠道。三是支持企业建立境外生产基地、营销网络、产品配送中心和售后服务中心，构建全产业链联盟，稳妥向外延伸产业链条，融入全球产业链供应链。完善境外投资管理机制，引导企业加强合规管理，提升风险防范能力和收益水平。

3. 深化跨区域战略合作，积极培育参与国际竞争合作新优势

一是加强与京津冀周边地区深层次产业协作、生态共建，推进钢铁、装备制造、能源、医药等产业跨区域合作，探索共建合作园区等模式，共同拓展发展空间。二是加强与长三角、粤港澳大湾区跨区域科技合作，通过共建院士工作站、技术研究院等方式，深化产学研合作，联合开展重大科技攻关，共同实施科技创新工程。三是拓展与长江经济带、成渝城市群等中西部地区的经济、技术、文化合作和市场对接空间，有序推动生产要素双向流动。四是加强与沿海省市临港经济、海洋经济互动，合作建立现代服务体系，吸引国内先进企业、高端要素在河北集聚，增强区域开放合作实效。

五、坚持共享发展，提升共建共治共享水平

河北省要坚持以人民为中心思想，完善共建共治共享社会治理制度，推动共同服务，提高人民生活水平。要量力而行、尽力而为，积极办好民生实事，加强基础性、兜底性、普惠性民生建设，让发展成果惠及全体人民。

（一）落实共同富裕行动纲要，提高人民收入水平

河北省要落实《促进共同富裕行动纲要》，坚持以按劳分配为主体、多种分配方式并存，初次分配和再分配调节并重的分配制度，着力扩大中等收入群

体，建立有效的收入持续增长机制，实现居民收入与经济增长同步、劳动报酬与劳动生产率增长同步。

1. 建立有效的收入持续增长机制，多渠道增加居民收入

一是建立有效的收入持续增长机制。全面落实国家基本工资标准调整，加强企业工资宏观调控，完善最低工资标准调整制度和企业工资指导线制度。完善工资制度，健全企业薪酬调查和信息发布制度，推进企业工资集体协商。依法保障农民工工资支付，健全农民工工资支付机制。健全公务员工资正常增长机制，完善事业单位岗位绩效工资制度和艰苦边远地区津贴标准调整政策。二是多渠道增加居民收入。深化农村土地和集体产权制度改革，丰富和规范居民投资产品，拓宽居民经营性、财产性收入渠道。实施扩大中等收入群体行动计划，激发技能人才、专业技术人员等重点群体增收活力，不断提高中等收入群体比重。

2. 完善收入分配机制，有效缩小收入分配差距

一是完善收入分配机制。深化国有企业劳动用工和工资收入分配改革，推动国有企业工资决定机制改革落地。加快事业单位工资制度改革，全面贯彻落实以增加知识价值为导向的收入分配政策。推进高校、科研机构薪酬制度改革，鼓励企事业单位对科研人员等实行灵活多样的分配形式，扩大工资分配自主权。二是有效缩小收入分配差距。坚持多劳多得，提高劳动报酬在初次分配中的比重。健全各类生产要素由市场评价贡献、按贡献决定报酬机制。加大税收、社会保障、转移支付等再分配调节力度和精准性。重视发挥第三次分配作用，合理调节城乡、区域、不同群体间的分配关系，提高低收入群体收入，有效缩小收入分配差距。

（二）深入实施就业优先战略，实现高质量充分就业

河北省要深入实施就业优先战略，稳定和扩大就业。坚持把就业作为民生之本，拓展就业渠道、增加就业岗位、优化就业结构、完善就业创业支撑体系，实现高质量充分就业。

1. 把稳就业放在首要位置，扩大就业容量和空间

坚持把稳就业、保居民就业放在首要位置，提升经济发展就业导向、就业容量和质量。一是加强宏观政策协调联动。统筹评估重大政策失业风险，优先实施就业带动能力强的重大投资、重大项目。二是支持和规范发展新就业形态。引导平台经济、共享经济等创新模式发展，扩大就业空间。发挥民营和中小微企业吸纳就业的主渠道作用。三是建立促进创业带动就业、多渠道灵活就业保障制度。推广新型孵化模式，高标准建设双创示范基地，鼓励大众创业、万众创新，加快发展众创空间，打造创业带动就业升级版。四是统筹做好重点群体就业。支持农民工返乡创业，深入实施高校毕业生就业创业促进、基层成长、就业见习等计划，扩大公益性岗位安置，实施退役军人就业优待政策，帮扶零就业家庭成员就业。

2. 健全就业服务体系，为创业就业提供全程服务

一是强化创业就业全程服务。加大创业担保贷款支持力度。强化对用人单位招聘全程指导，提供咨询服务。组织开展公共就业服务专项行动，引导帮助各类人员就业创业。二是健全就业服务体系。加强人力资源市场诚信建设，完善人力资源市场监管体制、评价机制，建立全省统一的人力资源市场供求信息系统。扩大集体合同覆盖面，完善集体协商和集体合同制度，健全协调劳动关系三方机制，完善京津冀集体争议跨区域调处机制。对就业困难人员实行就业援助和托底安置，强化失业就业援助，健全失业监测预警机制。三是加强职业技能培训。实施职业技能提升计划和返乡创业培训计划，健全贯穿劳动者职业生涯全过程的终身职业技能培训组织实施体系。

（三）完善公共服务制度体系，提升公共服务水平

河北省要不断完善公共服务制度体系，坚持完善制度、守住底线、引导预期、突出重点，着力强弱项、补短板、提质量，提升公共服务水平。

1. 健全标准体系，提高基本公共服务均等化水平

一是推动城乡基本公共服务标准统一、制度并轨、质量水平有效衔接。围

绕公共教育、就业创业、社会保险、医疗卫生、社会服务、住房保障、公共文化体育、优抚安置、残疾人服务等领域，建立健全基本公共服务标准体系，建立动态调整机制，实现城乡区域间标准水平衔接平衡。二是按照常住人口规模和服务半径统筹基本公共服务设施布局和共建共享，推动基本公共服务资源向基层延伸、向农村覆盖、向边远地区和生活困难群众倾斜。

2. 创新提供方式，构建公共服务供给结构和保障格局

一是坚持差别化分担原则，突出政府在基本公共服务供给保障中的主体地位，推动非基本公共服务提供主体多元化、提供方式多样化，构建政府保障基本、社会积极参与、全民共建共享的公共服务供给结构和保障格局。二是支持社会力量在育幼、养老等领域扩大服务供给，保障提供普惠性规范性服务的各类机构平等享受优惠政策。鼓励社会力量通过公建民营、政府购买服务、政府和社会资本合作等方式参与公共服务供给。三是深化公共服务领域事业单位改革，营造事业单位与社会力量公平竞争的市场环境。

3. 完善政策保障体系，优先保障补齐基本公共服务短板

一是财政支出优先保障基本公共服务补短板。明确省（市、县）政府公共服务领域事权和支出责任，落实中央财政支持政策，加大省级财政对基层政府提供基本公共服务的财力支持。二是将更多公共服务项目纳入政府购买服务指导性目录，加大政府购买力度，完善财政、融资和土地等优惠政策。三是在资格准入、职称评定、土地供给、财政支持、政府采购、监督管理等方面公平对待民办与公办机构。

（四）健全完善社会保障体系，提升社会保障水平

河北省要健全多层次社会保障体系，实现城乡统筹、公平统一、覆盖全民、持续发展。要健全基本养老、基本医疗保险制度，完善社会救助体系和住房保障体系，提升社会福利和住房保障水平。

1. 完善社会保险体系，提升社会保障水平

一是发展多层次、多支柱养老保险体系。健全基本养老筹资和待遇调整机

制，推进社保转移接续，健全灵活就业人员社保制度。规范发展第三支柱养老保险。完善企业职工养老保险制度，推进机关事业单位养老保险制度改革，全面建立机关事业单位职工职业年金。完善城乡居民基本养老保险制度，逐步提高待遇标准，适时调整城乡居民基本养老保险缴费档次标准。二是完善基本医疗保险制度和政策体系。深化京津冀医疗保障领域协同发展，推进京津冀异地就医门诊费用直接结算试点；完善医保目录动态调整机制；推行以按病种付费为主的多元复合式医保支付方式；落实异地就医结算，健全重大疾病医疗保险和救助制度，稳步建立长期护理保险制度，积极发展商业医疗保险。三是完善失业保险制度、工伤保险制度。完善失业保险关系转移接续制度。加强工伤保险工作协调、服务联动机制建设。探索新经济新业态职业伤害保障和灵活就业人员参加工伤保险办法。四是加快社会保险扩面提质。实现单位职工应保尽保，保持动态全覆盖。落实企业职工基本养老保险全国统筹，推进基本医疗保险、失业保险、工伤保险省级统筹。

2. 完善社会救助制度，促进社会公平正义

一是健全基本生活、专项救助制度。完善救助标准和救助对象动态调整机制。统筹做好就业、收入分配、教育、社保、医疗、住房、养老、扶幼等各方面工作，更加注重向困难群众倾斜，向农村、基层、欠发达地区倾斜，坚持在发展中保障和改善民生，促进社会公平正义。二是健全分层分类、城乡统筹的社会救助体系。构建政府主导、社会参与、制度健全、政策衔接、兜底有力的综合救助格局。推进救助事项协同办理、资源统筹聚合，实现精准救助、高效救助、温暖救助、智慧救助。三是针对不同群体完善救济制度。完善低保、特困和低收入家庭认定办法。细化特殊困难群体救助政策，实施类别化、差异化救助。健全覆盖全学段的学生资助救助体系，创新困难学生资助方式，建立高校学生资助基金。四是依托社会力量完善救济体系。积极发展服务类社会救助，开展政府购买社会救助服务，形成"物质+服务"的救助方式。发展慈善事业，规范发展网络慈善平台，加强彩票和公益金管理，支持专业社工和志愿

者参与社会救助，鼓励红十字会和个人开展救助帮扶。

3. 完善社会福利制度，提高社会福利水平

一是加强儿童社会福利保障。特别要强化孤儿、事实无人抚养儿童等基本生活保障，加强福利设施建设。二是加强残疾人福利保障。健全生活补贴、护理补贴制度，加强社区康复服务工作，服务困难残疾人、重度残疾人。三是健全社会关爱体系。要加强对留守老人、妇女、儿童等群体的关爱，不断提高高龄老人的财政补贴标准。四是完善退役军人服务。加强优抚安置保障服务，完善优抚安置、待遇保障制度，巩固提升"三个常态化"和"六个全覆盖"。五是提升殡葬服务保障能力。增加公益性殡葬设施供给，大力推进殡葬改革。

4. 完善住房保障体系，提升住房保障水平

完善房地产市场平稳健康发展长效机制，坚持"房住不炒"定位，多策并举、因地制宜提升住房保障水平。一是培育发展住房租赁市场。完善长租房政策，推广住房租赁市场试点，逐步实现租购住房在公共服务商享有同等权利。同时支持租赁企业专业化、集约化、规模化发展。二是完善租赁住房土地供应制度。单列租房用地计划，向租赁住房建设倾斜土地供应。探索利用企事业单位自有闲置土地、集体建设用地建设租赁住房。三是构建租购并举、多主体供给、多渠道保障的住房制度体系。重点建设普通商品住房，增加保障性住房供给，支持首套和改善性住房需求，因地制宜发展共有产权房，规范发展公租房。

（五）加强弱势群体保护力度，保障其基本权益

河北省要加强妇女儿童、青少年、残疾人等弱势群体保护，保障他们的基本权益，促进社会事业协调均衡发展。

1. 加强妇女儿童保护，维护妇女儿童合法权益

一是深入实施《中国妇女发展纲要（2021-2030年）》、贯彻落实男女平等基本国策，保障妇女平等就业权利，保障农村妇女在农村土地改革的合法权益、集体组织成员的资格权等各项权益。二是深入实施国家《中国儿童发展

纲要（2021-2030 年）》，坚持儿童优先原则，保障儿童公平受教育权利，实施学龄前儿童营养改善计划，完善农业转移人口随迁子女、留守儿童关爱服务体系，加强困境儿童分类保障。

2. 落实青年发展规划，促进青年成长发展

一是加强青年培养。落实青年发展规划，实施青年马克思主义者培养工程，开展青年大学习行动。二是加强青年服务体系。针对青年面临的毕业求职、住房租房、心理健康、恋爱交友、就业创业等问题，提供专业系统的服务。同时要关注进城务工青年、残疾青年及贫困家庭青年的成长发展，及时提供相应的保障服务。

3. 完善残疾人帮扶支持体系，保障残疾人基本权益

一是通过帮扶和就业支持体系，提供残疾人就业创业、参与和发展能力。二是保障残疾人基本服务均等化，让残疾人更有尊严、更好地生活。三是保障残疾人基本权利，加强残疾人服务设施建设、综合服务能力建设，为残疾人提供便利化、无障碍的环境和条件，增强残疾人发展能力，积极参与社会生活。

（六）加强完善基层社会治理，建设社会治理共同体

河北省要完善群众参与的制度机制，健全城乡基层治理体系，实现党组织领导的法治、自治与德治相结合，建设社会治理共同体，做到人人尽责、人人有责、人人享有。

1. 加强基层组织体系建设，健全基层社会治理框架

一是依法厘清基层政府与群众性自治组织的权责边界，制定县（市、区）职能部门、乡镇（街道）在城乡社会治理方面的权责清单制度，实行工作事项准入制度，减轻基层负担，特别是村级组织负担。二是加强基层群众性自治组织规范化建设，合理确定其功能、规模和事务范围。三是完善基层群众自治机制，完善村（居）民议事会、理事会、监督委员会等自治载体，健全村（居）民参与社会治理的组织形式和制度化渠道，形成党组织领导、村（居）委会主导、人民群众为主体的基层社会治理框架。

2. 完善基层管理服务机制，建设社会治理共同体

一是向基层放权赋能。要推动社会治理重心向基层下移，加强基层组织、工作能力建设，实现社会治理现代化。二是推行网格化管理，健全基层管理服务平台。要推进县乡村三级综治中心建设，完善社区居委会职能，打造专业化、专职化的社区工作者队伍。三是引导社会力量参与基层治理。要充分发挥社区、社区志愿者、社会工作者、社会组织的作用，实现四社联动、良性互动，将政府治理与社会调节、居民自治有机结合，建设社会治理共同体。

附　录

附表 1　2015 年河北省高质量发展指标数值（1）

城市	X1	X2	X3	X4	X5	X6	X7	X8	X9	X10	X11
石家庄	1.33	1.18	5.63	7.50	54.23	0.96	45.84	19.95	58.30	0.41	233.00
唐山	1.08	1.83	4.26	5.60	68.24	1.34	35.55	20.81	58.31	0.35	139.00
秦皇岛	0.40	1.13	10.09	5.50	38.07	1.43	50.20	18.58	54.07	0.35	64.00
邯郸	0.80	1.08	3.18	6.76	40.76	0.91	40.03	19.51	51.38	0.38	113.00
邢台	0.37	0.88	3.02	6.00	39.24	0.97	39.41	20.46	47.73	0.45	102.00
保定	0.39	1.80	3.71	7.00	30.05	1.24	38.20	21.54	46.67	0.41	195.00
张家口	0.30	0.51	1.68	5.80	36.26	0.88	42.12	16.59	52.20	0.45	58.00
承德	0.53	0.52	1.29	5.54	45.39	0.90	35.82	19.50	46.80	0.39	49.00
沧州	0.38	0.48	2.90	7.70	63.16	1.07	40.80	21.34	48.56	0.42	103.00
廊坊	0.86	0.81	6.51	8.80	55.65	1.16	47.10	15.40	55.00	0.42	101.00
衡水	0.32	0.79	3.37	7.60	41.33	1.12	40.00	16.16	46.64	0.46	72.00

资料来源：《河北经济年鉴 2016》《中国城市统计年鉴 2016》《中国统计年鉴 2016》。

附表 2　2015 年河北省高质量发展指标数值（2）

城市	X12	X13	X14	X15	X16	X17	X18	X19	X20	X21	X22
石家庄	34.44	-6.48	-8.27	4.04	20.89	16.01	95.42	98.00	44.42	95.41	5.51
唐山	31.70	-6.94	-15.48	1.95	35.18	76.50	95.00	72.50	41.17	100.00	5.50
秦皇岛	198.29	-5.05	-14.43	5.81	37.34	1487.36	96.17	68.55	40.17	100.00	8.10

续表

城市	X12	X13	X14	X15	X16	X17	X18	X19	X20	X21	X22
邯郸	16.44	−5.90	−9.46	1.94	35.03	60.95	97.62	97.00	46.64	100.00	2.41
邢台	19.11	−4.38	−5.55	6.79	43.09	57.08	96.35	95.31	36.17	100.00	1.58
保定	18.30	−7.50	−6.36	3.64	16.61	10.56	81.76	93.00	38.41	99.99	2.74
张家口	31.06	−5.80	−11.27	3.35	45.37	26.18	94.42	57.16	44.08	95.00	1.08
承德	23.90	−3.12	−19.17	1.01	40.77	37.47	91.56	24.00	42.89	89.02	0.08
沧州	18.00	−6.39	−4.72	2.69	9.85	15.32	100.00	100.00	36.72	100.00	1.15
廊坊	49.28	−2.80	−5.17	1.84	15.52	19.49	92.01	97.00	45.53	58.95	6.33
衡水	14.92	−4.52	−7.32	3.73	24.52	10.23	80.00	99.30	39.87	100.00	1.77

资料来源:《河北经济年鉴2016》《中国城市统计年鉴2016》《中国统计年鉴2016》。

附表3 2015年河北省高质量发展指标数值(3)

城市	X23	X24	X25	X26	X27	X28	X29	X30	X31	X32	X33
石家庄	8.39	13.90	0.01	51043.00	3.66	1325.95	45.52	408.02	12.03	4.29	5.23
唐山	8.70	14.20	0.01	78398.00	4.15	1634.17	49.90	147.59	4.59	4.02	4.11
秦皇岛	14.83	22.93	0.04	40746.00	3.32	1436.51	51.50	524.94	6.19	2.76	7.24
邯郸	3.46	5.87	0.02	33450.00	3.67	967.71	39.48	55.73	22.52	3.55	3.04
邢台	4.68	6.26	0.01	24256.00	3.64	1050.70	40.56	60.68	22.35	3.00	2.09
保定	7.11	9.84	0.01	29067.00	4.18	1059.95	39.32	145.21	8.54	2.88	3.37
张家口	1.97	3.06	0.02	30840.00	3.23	1380.80	42.22	144.57	9.66	4.09	2.93
承德	1.75	1.83	0.01	38505.00	3.14	1494.94	45.12	107.61	5.35	1.89	1.92
沧州	4.02	5.17	0.01	44819.00	3.55	1341.20	42.07	71.65	38.80	2.38	1.25
廊坊	5.90	12.23	0.02	54460.00	1.87	1629.34	39.70	338.69	22.60	1.22	2.06
衡水	11.82	13.59	0.01	27543.00	3.73	960.38	36.95	60.44	7.13	1.23	1.64

资料来源:《河北经济年鉴2016》《中国城市统计年鉴2016》《中国统计年鉴2016》。

附表4 2016年河北省高质量发展指标数值(1)

城市	X1	X2	X3	X4	X5	X6	X7	X8	X9	X10	X11
石家庄	1.70	1.95	6.77	6.80	59.55	1.04	46.44	21.34	59.96	0.41	281.00
唐山	1.34	1.08	4.34	6.80	72.16	1.28	35.50	18.16	60.41	0.35	168.00
秦皇岛	1.19	1.14	10.83	7.00	41.55	1.54	50.75	19.72	56.13	0.35	90.00
邯郸	0.83	0.97	2.00	6.08	43.85	0.89	40.26	20.06	53.53	0.38	148.00

续表

城市	X1	X2	X3	X4	X5	X6	X7	X8	X9	X10	X11
邢台	0.60	0.99	3.35	7.10	44.06	0.98	39.49	20.15	49.83	0.45	136.00
保定	0.63	2.10	0.83	7.20	34.56	1.20	38.61	21.36	49.11	0.41	248.00
张家口	0.54	0.37	1.78	7.00	39.66	0.90	44.53	17.18	54.19	0.45	83.00
承德	0.79	0.54	1.55	6.95	48.56	0.89	37.68	20.00	49.00	0.40	67.00
沧州	0.86	0.51	3.16	7.90	68.31	1.02	41.70	21.13	50.56	0.42	146.00
廊坊	1.50	1.05	6.57	8.00	58.90	1.10	48.60	15.51	56.80	0.42	120.00
衡水	0.56	0.74	3.66	7.80	49.61	1.15	39.96	16.53	48.89	0.46	92.00

资料来源：《河北经济年鉴 2017》《中国城市统计年鉴 2017》《中国统计年鉴 2017》。

附表 5　2016 年河北省高质量发展指标数值（2）

城市	X12	X13	X14	X15	X16	X17	X18	X19	X20	X21	X22
石家庄	35.12	-6.48	-4.22	2.20	14.48	8.89	96.09	94.96	45.45	99.54	5.14
唐山	33.12	-4.04	-8.03	2.09	19.74	70.48	98.00	70.79	29.28	100.00	3.78
秦皇岛	49.60	-4.39	-4.49	2.89	17.88	35.96	96.60	81.89	40.37	100.00	7.07
邯郸	17.36	-5.10	-7.99	1.44	21.42	35.21	97.20	85.70	44.76	96.67	1.89
邢台	17.56	-4.36	0.64	4.70	30.87	41.43	96.35	96.03	37.43	100.00	1.50
保定	18.29	-4.65	2.19	2.13	8.05	4.04	90.08	98.84	39.10	93.11	2.15
张家口	30.94	-4.47	-4.13	2.38	13.76	21.47	94.20	57.16	42.90	95.50	0.73
承德	25.56	-3.72	-5.22	0.96	33.28	28.47	92.83	27.50	44.08	95.62	0.18
沧州	20.58	-4.26	-0.57	1.27	6.16	3.78	99.91	59.73	37.03	100.00	1.40
廊坊	50.40	-5.52	-1.14	1.66	8.74	10.34	84.08	94.29	45.81	100.00	6.67
衡水	14.81	-6.02	-8.01	1.56	6.73	5.02	86.32	98.97	29.46	100.00	1.03

资料来源：《河北经济年鉴 2017》《中国城市统计年鉴 2017》《中国统计年鉴 2017》。

附表 6　2016 年河北省高质量发展指标数值（3）

城市	X23	X24	X25	X26	X27	X28	X29	X30	X31	X32	X33
石家庄	7.87	13.00	0.01	55177.00	3.70	860.49	47.99	425.64	12.03	4.73	5.19
唐山	7.43	11.21	0.02	81239.00	4.28	826.60	50.97	152.47	5.32	3.89	4.11
秦皇岛	14.56	21.63	0.04	73755.00	3.02	1094.12	52.02	517.12	6.14	4.29	7.27
邯郸	3.13	5.02	0.02	35265.00	3.80	405.83	42.33	54.39	6.41	4.04	3.62
邢台	4.54	6.04	0.02	27038.00	3.81	164.97	40.13	62.02	22.35	3.34	1.94

续表

城市	X23	X24	X25	X26	X27	X28	X29	X30	X31	X32	X33
保定	5.61	7.76	0.01	29992.00	4.30	324.60	40.81	178.56	7.02	3.38	2.81
张家口	1.81	2.55	0.02	33142.00	3.45	463.95	47.23	37.37	2.29	1.17	3.27
承德	2.02	2.20	0.01	40741.00	3.45	444.02	49.06	112.43	5.35	2.13	1.95
沧州	3.93	5.33	0.01	47425.00	3.37	340.54	44.09	100.34	39.89	3.31	1.37
廊坊	5.55	12.22	0.02	58972.00	1.78	206.22	41.69	59.65	23.29	3.45	2.12
衡水	11.40	12.42	0.01	31955.00	3.86	376.32	40.38	34.28	4.97	1.52	1.68

资料来源：《河北经济年鉴 2017》《中国城市统计年鉴 2017》《中国统计年鉴 2017》。

附表 7　2017 年河北省高质量发展指标数值（1）

城市	X1	X2	X3	X4	X5	X6	X7	X8	X9	X10	X11
石家庄	1.25	2.23	7.70	7.30	62.45	0.91	49.67	20.78	61.64	0.41	318.00
唐山	1.07	1.26	4.85	6.80	85.77	1.23	37.12	20.19	61.64	0.36	193.00
秦皇岛	1.16	1.18	10.14	7.30	51.23	1.72	52.96	19.37	57.88	0.36	96.00
邯郸	0.92	1.05	2.31	7.10	56.21	0.85	43.00	21.26	55.31	0.38	190.00
邢台	0.59	1.06	3.58	7.00	59.72	0.98	42.55	21.46	51.57	0.45	161.00
保定	0.67	2.38	4.58	6.00	42.11	1.08	42.76	21.78	50.97	0.41	284.00
张家口	0.44	0.44	2.10	6.80	44.84	0.87	50.13	16.93	55.92	0.46	105.00
承德	0.63	0.63	2.03	7.10	55.09	0.85	42.33	19.66	50.70	0.40	74.00
沧州	0.84	0.64	3.90	7.00	83.78	0.98	44.04	22.18	52.31	0.43	178.00
廊坊	1.15	1.41	7.40	6.80	29.98	1.09	49.72	16.63	58.50	0.42	164.00
衡水	1.05	0.75	4.59	7.20	66.83	1.17	42.33	18.81	50.60	0.46	110.00

资料来源：《河北经济年鉴 2018》《中国城市统计年鉴 2018》《中国统计年鉴 2018》。

附表 8　2017 年河北省高质量发展指标数值（2）

城市	X12	X13	X14	X15	X16	X17	X18	X19	X20	X21	X22
石家庄	39.47	-6.90	-3.38	1.47	6.40	4.73	99.44	92.00	44.42	100.00	5.80
唐山	36.95	0.34	-5.29	1.44	18.35	37.74	97.74	79.64	40.79	99.96	4.63
秦皇岛	52.35	-4.88	-0.33	1.54	12.61	15.79	96.70	85.39	40.24	100.00	8.15
邯郸	19.12	-4.41	-6.41	0.81	17.43	21.16	97.75	93.52	44.71	100.00	1.70
邢台	21.77	-4.83	1.51	2.79	11.32	20.29	96.98	97.00	43.25	100.00	1.58
保定	20.10	-6.09	3.42	2.08	2.69	2.97	96.59	42.00	42.88	100.00	2.52

续表

城市	X12	X13	X14	X15	X16	X17	X18	X19	X20	X21	X22
张家口	32.47	-6.83	5.51	1.39	10.25	19.89	96.04	57.93	38.56	97.54	0.87
承德	26.32	-3.39	1.92	0.93	23.92	23.93	95.19	28.00	43.65	98.93	0.09
沧州	22.49	-4.83	4.07	0.86	3.45	3.34	99.91	99.28	37.36	100.00	2.37
廊坊	60.55	-8.28	-2.26	0.70	3.93	7.51	95.49	90.00	46.22	96.78	7.26
衡水	17.62	-2.58	0.32	0.40	1.34	3.18	100.00	93.32	40.23	100.00	1.14

资料来源：《河北经济年鉴2018》《中国城市统计年鉴2018》《中国统计年鉴2018》。

附表9　2017年河北省高质量发展指标数值（3）

城市	X23	X24	X25	X26	X27	X28	X29	X30	X31	X32	X33
石家庄	9.28	15.08	0.02	69926.00	3.35	1721.47	47.26	473.48	11.85	5.88	5.84
唐山	5.69	10.32	0.02	89233.00	2.83	1764.57	44.14	163.29	5.03	2.81	4.41
秦皇岛	14.38	22.53	0.05	61170.00	2.88	1707.49	46.23	516.49	6.19	3.51	7.46
邯郸	2.71	4.40	0.02	37796.00	3.54	1104.59	33.29	57.37	6.52	2.71	3.93
邢台	5.29	6.87	0.02	38163.00	3.45	1138.08	33.78	65.99	0.83	1.51	1.93
保定	8.25	10.77	0.02	44917.00	3.97	1201.43	36.90	143.30	7.13	1.61	2.71
张家口	1.56	2.43	0.02	41038.00	3.12	1709.14	39.65	116.06	2.29	4.65	3.36
承德	1.98	2.06	0.00	60575.00	3.53	1737.77	46.08	118.11	5.75	1.93	2.26
沧州	4.45	6.82	0.01	120805.00	3.12	1567.05	40.40	77.87	45.36	1.00	1.40
廊坊	5.31	12.57	0.02	91067.00	1.88	2053.14	35.83	259.13	23.63	1.57	2.16
衡水	11.86	13.00	0.01	57615.00	3.38	1235.78	35.11	49.87	4.57	2.05	2.19

资料来源：《河北经济年鉴2018》《中国城市统计年鉴2018》《中国统计年鉴2018》。

附表10　2018年河北省高质量发展指标数值（1）

城市	X1	X2	X3	X4	X5	X6	X7	X8	X9	X10	X11
石家庄	1.21	2.19	11.72	7.42	63.38	0.91	55.51	19.88	63.16	0.41	374.00
唐山	1.19	1.65	7.01	7.30	88.48	1.23	38.02	19.38	63.14	0.37	220.00
秦皇岛	1.05	1.34	9.65	6.60	57.68	1.79	54.43	19.11	59.42	0.37	110.00
邯郸	0.85	1.19	3.71	6.55	55.27	0.81	45.83	19.07	56.87	0.39	174.00
邢台	0.59	0.68	5.80	7.00	57.65	0.95	46.89	19.69	52.91	0.45	185.00
保定	0.40	2.27	6.73	6.60	45.04	1.16	46.27	15.75	52.54	0.42	312.00
张家口	0.51	0.28	5.90	7.50	47.15	0.87	51.51	13.99	57.24	0.47	124.00

城市	X1	X2	X3	X4	X5	X6	X7	X8	X9	X10	X11
承德	0.67	0.61	3.30	6.44	55.50	1.05	45.68	18.97	52.07	0.40	96.00
沧州	0.93	0.85	6.28	6.40	80.78	0.94	49.52	20.99	53.64	0.43	214.00
廊坊	0.90	1.54	11.63	6.50	78.11	1.10	57.06	17.40	60.01	0.43	193.00
衡水	1.26	0.67	5.69	6.90	66.85	1.12	46.12	16.76	52.06	0.46	127.00

资料来源：《河北经济年鉴2019》《中国城市统计年鉴2019》《中国统计年鉴2019》。

附表11　2018年河北省高质量发展指标数值（2）

城市	X12	X13	X14	X15	X16	X17	X18	X19	X20	X21	X22
石家庄	39.10	−5.58	−1.40	1.09	4.67	4.51	99.66	84.00	41.16	100.00	5.65
唐山	40.90	−8.13	−2.61	1.13	12.71	32.76	98.60	74.41	41.51	100.00	4.03
秦皇岛	54.67	−5.04	−2.32	1.24	11.59	11.79	97.01	77.46	41.29	100.00	7.08
邯郸	19.75	−10.39	−2.89	0.75	13.11	17.70	98.41	80.00	42.76	100.00	1.34
邢台	23.21	−5.74	3.01	1.92	6.33	17.07	97.00	95.60	41.44	100.00	1.08
保定	20.70	−5.57	−0.04	1.82	1.47	2.58	97.81	76.00	42.20	99.21	1.47
张家口	33.76	−3.60	4.69	1.19	8.46	15.42	96.92	48.09	39.98	98.95	1.50
承德	26.44	−6.65	−2.73	0.66	19.34	18.42	96.81	23.12	42.43	100.00	0.05
沧州	28.74	−4.32	6.79	0.92	3.13	5.28	99.91	99.41	37.74	100.00	3.25
廊坊	63.26	−5.55	−1.78	0.33	2.74	3.38	96.67	90.37	47.70	97.98	9.16
衡水	18.42	−5.02	3.32	0.48	2.72	2.26	98.13	78.29	40.33	100.00	1.18

资料来源：《河北经济年鉴2019》《中国城市统计年鉴2019》《中国统计年鉴2019》。

附表12　2018年河北省高质量发展指标数值（3）

城市	X23	X24	X25	X26	X27	X28	X29	X30	X31	X32	X33
石家庄	9.40	15.05	0.02	55723.00	3.31	2017.56	50.08	450.46	2.54	5.86	5.82
唐山	4.60	8.63	0.02	87855.00	2.42	1918.04	47.53	175.85	5.69	2.81	4.86
秦皇岛	14.50	21.58	0.04	52380.00	2.82	1861.43	47.52	504.20	6.33	4.30	7.94
邯郸	2.87	4.20	0.02	36289.00	3.54	1132.45	36.04	61.84	6.83	2.69	3.95
邢台	5.75	6.84	0.02	29210.00	3.48	1228.56	37.29	64.85	0.83	1.51	2.05
保定	7.75	9.22	0.02	31057.00	3.94	1374.16	38.79	147.49	8.07	3.47	2.90
张家口	1.42	2.92	0.02	34661.00	3.10	3438.02	91.39	125.41	2.20	5.56	8.74
承德	1.39	1.44	0.01	41476.00	3.69	1878.36	45.47	124.53	5.67	2.06	2.88

城市	X23	X24	X25	X26	X27	X28	X29	X30	X31	X32	X33
沧州	5.38	8.63	0.01	48562.00	2.93	1674.80	43.44	87.41	42.00	1.39	1.51
廊坊	5.67	14.83	0.02	64906.00	1.61	2262.31	39.27	265.45	23.63	1.55	2.40
衡水	12.63	13.81	0.01	34898.00	3.35	1323.24	36.32	41.60	4.67	1.97	2.21

资料来源：《河北经济年鉴2019》《中国城市统计年鉴2019》《中国统计年鉴2019》。

参考文献

［1］ Adelman I. , Morris C. T. Society Politics and Economic Development－A Quantitative Approach Baltimore ［M］. Maryland. ：Johns Hopkins University Press, 1967.

［2］ Barro R. J. Quantity and Quality of Economic Growth ［J］. Journal Economía Chilena ［J］. The Chilean Economy, 2002, 5 （2）: 17-36.

［3］ Clower R. W. Growth without Development: An Economic Survey of Liberia ［M］. Illinois: Northwestern University Press, 1966.

［4］ Grossman G. , Helpman E. Quality Ladders and Product Cycles ［J］. Quarterly Journal of Economics, 1991 （106）: 557-586.

［5］ Lucas Robert E. Jr. On the Mechanics of Economic Development ［J］. Journal of Monetary Economics, 1988 （22）: 3-42.

［6］ Romer Paul M. Endogenous Technical Change ［J］ . Journal of Political Economy, 1990 （98）: 71-102.

［7］ Seers D. The Meaning of Development ［J］. International Development Review, 1969, 11 （4）: 3-4.

［8］ Singer H. W. Social Development: Key Growth Sector ［J］. International Development Review, 1965, 7 （1）: 5.

［9］ Solow R. M. A Contribution to the Theory of Economics Growth ［J］. Quarterly Journal of Economics，1956（70）：65-94.

［10］ Todaro M. P. Economic Development in the Third World ［M］. London：Longman，1977.

［11］ William D. Nordhaus. The Cost of Slowing Climate Change：A Survey ［J］. The Energy Journal，International Association for Energy Economics，1991（1）：37-66.

［12］［印］阿马蒂亚·森. 从增长到发展［M］. 刘民权，夏庆态，王小林，译. 北京：中国人民大学出版社，2015.

［13］安淑新. 促进经济高质量发展的路径研究：一个文献综述［J］. 当代经济管理，2018，40（9）：11-17.

［14］陈海梁. 论经济增长质量的内涵［J］. 中国统计，2006（8）：56-57.

［15］陈景华，陈姚，陈敏敏. 中国经济高质量发展水平、区域差异及分布动态演进［J］. 数量经济技术经济研究，2020，37（12）：108-126.

［16］程虹. 竞争政策与高质量发展［J］. 中国市场监管研究，2018（5）：9-13.

［17］杜秦川. 实现平衡、充分发展需破解四大结构性问题［J］. 宏观经济管理，2019（3）：21-30.

［18］杜秦川. 推动高质量发展需要把握好几个重要性质［J］. 中国物价，2018（11）：7-9.

［19］樊元，杨立勋. 关于经济增长质量统计的若干理论问题［J］. 西北师范大学学报（社会科学版），2002（2）：111-114.

［20］方大春，马为彪. 中国省际高质量发展的测度及时空特征［J］. 区域经济评论，2019（2）：61-70.

［21］郭倍利，许春龙，吉小东. 河北省高质量发展水平的统计测度研究

［J］. 统计与管理，2020，35（11）：109-114.

［22］郭春丽，王蕴，易信，等. 实现经济高质量发展的对策建议［J］. 经济研究参考，2018a（24）：16-17.

［23］郭春丽，王蕴，易信，等. 正确认识和有效推动高质量发展［J］. 中国邮政，2018b（4）：18-25.

［24］郭春丽，王蕴，易信，等. 正确认识和有效推动经济高质量发展［J］. 中国邮政，2018c（10）：16-19.

［25］郭春丽，易信，何明洋. 推动高质量发展面临的难题及破解之策［J］. 宏观经济管理，2019（1）：7-14.

［26］郭佳钦，田逸飘. 基于五大发展理念的长江经济带经济高质量发展研究［J］. 统计与管理，2021，36（9）：53-59.

［27］韩烁烁. 京津冀协同背景下河北省创新驱动发展能力研究［D］. 保定：河北经贸大学，2020.

［28］冷崇总. 关于构建经济发展质量评价指标体系的思考［J］. 价格月刊，2008（4）：21-26.

［29］李俊霖. 中国经济增长质量研究［D］. 武汉：华中科技大学，2007.

［30］李志洋，朱启荣. 中国经济高质量发展水平的时空特征及其影响因素［J］. 统计与决策，2022，38（6）：95-99.

［31］刘帅，高晓倩. 基于五大发展理念的辽宁经济高质量发展测度研究［J］. 辽宁行政学院学报，2021（1）：84-90.

［32］刘亚建. 对国有经济"主导作用"涵义的思考［J］. 中国特色社会主义研究，2001（5）：47-49.

［33］罗春婵，何代弟，孙梦蔚. 中国省际经济高质量发展的测度与区域差异分析［J］. 北方金融，2020（4）：3-7.

［34］马会君，杜人淮. 中国省际经济高质量发展水平测度及实证分析［J］. 西安建筑科技大学学报（社会科学版），2021，40（6）：51-61.

［35］毛健．提高吉林省经济增长质量的现实性分析和对策思路［J］．经济纵横，1995（12）：46-50.

［36］聂长飞，简新华．中国高质量发展的测度及省际现状的分析比较［J］．数量经济技术经济研究，2020，37（2）：26-47.

［37］欧进锋，许抄军，刘雨骐．基于"五大发展理念"的经济高质量发展水平测度——广东省 21 个地级市的实证分析［J］．经济地理，2020，40（6）：77-86.

［38］潘建成．GDP 核算应服务于新发展理念［N］．人民日报，2017-07-07.

［39］戚琳．基于五大发展理念的中国大型城市高质量发展水平测度及效率评价［D］．辽宁：东北财经大学，2020.

［40］任保平，李禹墨．新时代我国高质量发展评判体系的构建及其转型路径［J］．陕西师范大学学报（哲学社会科学版），2018c，47（3）：105-113.

［41］任保平．共同富裕：高质量发展的题中应有之义［N］．中国社会科学报，2022-12-23.

［42］任保平．"十四五"时期我国高质量发展加速落实阶段的重大现实问题［J］．财贸研究，2020a，31（11）：1-9.

［43］任保平．"十四五"时期我国高质量发展中供给侧的动力重塑和新动能培育［J］．学术研究，2020b（12）：85-89.

［44］任保平．"十四五"时期转向高质量发展加快落实阶段的重大理论问题［J］．学术月刊，2021，53（2）：75-84.

［45］任保平．我国高质量发展的目标要求和重点［J］．红旗文稿，2018a（24）：21-23.

［46］任保平．新时代高质量发展的政治经济学理论逻辑及其现实性［J］．人文杂志，2018b（2）：26-34.

［47］任保平．新时代中国经济高质量发展的判断标准、决定因素与实现

途径 [J]．中国邮政，2018c（10）：8-11．

[48] 任保平．以新发展理念引领我国经济高质量发展 [J]．北方人（悦读），2019（12）：11-13．

[49] 任保平．中国经济高质量发展研究 [J]．陕西师范大学学报（哲学社会科学版），2018，47（3）：104．

[50] 任保平，豆渊博．"十四五"时期构建新发展格局推动经济高质量发展的路径与政策 [J]．人文杂志，2021（1）：1-8．

[51] 任保平，何苗．我国新经济高质量发展的困境及其路径选择 [J]．西北大学学报（哲学社会科学版），2020，50（1）：40-48．

[52] 任保平，李禹墨．经济高质量发展中生产力质量的决定因素及其提高路径 [J]．经济纵横，2018b（7）：27-34．

[53] 任保平，李禹墨．新时代背景下高质量发展新动能的培育 [J]．黑龙江社会科学，2018a（4）：31-36．

[54] 任保平，刘戈非．新中国成立以来经济增长质量的历史演变和评价考察 [J]．求索，2020（5）：170-179．

[55] 任保平，刘鸣杰．我国高质量发展中有效供给形成的战略选择与实现路径 [J]．学术界，2018（4）：52-65．

[56] 任保平，刘笑．新时代我国高质量发展中的三维质量变革及其协调 [J]．江苏行政学院学报，2018（6）：37-43．

[57] 任保平，苗新宇．"十四五"时期我国经济高质量发展新动能的培育 [J]．经济问题，2021（2）：1-11+106．

[58] 任保平，师博，刘晏慈，等．中国式现代化新征程中着力推动高质量发展研究 [J]．长安大学学报（社会科学版），2023（1）：1-31．

[59] 任保平，宋雪纯．"十四五"时期我国新经济高质量发展新动能的培育 [J]．学术界，2020a（9）：58-65．

[60] 任保平，宋雪纯．以新发展理念引领中国经济高质量发展的难点及

实现路径［J］. 经济纵横，2020b（6）：2+45-54.

［61］任保平，王思琛. 新时代高质量发展中共享发展的理论创新及其实现路径［J］. 渭南师范学院学报，2018，33（11）：14-27.

［62］任保平，文丰安. 新时代中国高质量发展的判断标准、决定因素与实现途径［J］. 改革，2018（4）：5-16.

［63］任保平，张星星. 中国健康高质量发展的特征及实现路径［J］. 改革与战略，2021，37（4）：58-66.

［64］任保平，朱晓萌. 新时代中国高质量开放的测度及其路径研究［J］. 统计与信息论坛，2020，35（9）：26-33.

［65］师博，樊思聪. 中国省际经济高质量发展潜力测度及分析［J］. 东南学术，2020（4）：169-179.

［66］师博，任保平. 中国省际经济高质量发展的测度与分析［J］. 经济问题，2018（4）：1-6.

［67］师博，张冰瑶. 全国地级以上城市经济高质量发展测度与分析［J］. 社会科学研究，2019（3）：19-27.

［68］师博，张冰瑶. 新时代、新动能、新经济——当前中国经济高质量发展解析［J］. 上海经济研究，2018（5）：25-33.

［69］史丽娜，唐根年. 中国省际高质量发展时空特征及障碍因子分析［J］. 统计与决策，2021，37（16）：114-118.

［70］孙娜，刘政永. 河北省基本公共服务均等化测度及空间格局分析［J］. 统计与管理，2020，35（1）：34-39.

［71］孙学工，等. 中国经济高质量发展研究［M］. 北京：人民出版社，2020.

［72］孙学工，杜飞轮，刘雪燕. 坚持供给侧结构性改革促进经济高质量发展［J］. 中国经贸导刊，2019（3）：20-23.

［73］田雯. 河北省高质量发展评价与提升路径研究［D］. 保定：河北经

贸大学，2022.

[74] 田雯，岳昊笛，王艳敏，等．河北省高质量发展水平差异性研究 [J]．现代商业，2022（2）：121-123.

[75] 佟林杰．河北省基本公共服务质量测度研究 [J]．数学的实践与认识，2017，47（19）：303-309.

[76] 王积业．关于提高经济增长质量的宏观思考 [J]．宏观经济研究，2000（1）：11-17.

[77] 王凯，姚正海．五大发展理念下高质量发展评价及驱动因素研究——以徐州市为例 [J]．资源开发与市场，2021，37（5）：566-573.

[78] 王涛，尚园．湖北省经济高质量发展水平测度——基于五大发展理念 [J]．武汉商学院学报，2020，34（5）：47-53.

[79] [加] 维诺德·托马斯．增长的质量 [M]．张绘，等译．北京：中国财政经济出版社，2001.

[80] 魏修建，杨镒泽，吴刚．中国省际高质量发展的测度与评价 [J]．统计与决策，2020，36（13）：15-20.

[81] [印] 温诺·托马斯．增长的质量 [M]．增长的质量翻译组，译．北京：中国财政经济出版社，2001.

[82] 徐坤．中国式现代化道路的科学内涵、基本特征与时代价值 [J]．求索，2022（1）：40-49.

[83] 许生，张霞．改革财税体制促进经济高质量发展 [J]．财政科学，2018（12）：5-18.

[84] 杨鑫环，雍雯曦．基于"五大发展理念"的长江经济带高质量发展测度 [J]．兰州财经大学学报，2021，37（1）：46-59.

[85] 詹新宇，崔培培．中国省际经济增长质量的测度与评价——基于"五大发展理念"的实证分析 [J]．财政研究，2016（8）：39+40-53.

[86] 张景波．影响区域经济高质量发展的五大发展理念：文献综述

[J].经济管理文摘，2020（4）：1-3+7.

[87] 张玲.五大发展理念视角下山东省高质量发展评估研究 [J].经营与管理，2019（11）：88-93.

[88] 张扬，解柠羽，韩清艳.中国经济高质量发展水平测度与空间差异研究 [J].统计与决策，2022，38（1）：103-107.

[89] 张永恒.五大发展理念视角下的河南省高质量发展评价研究——基于熵权 TOPSISI 分析法 [J].河南科学，2019，37（7）：1187-1195.

[90] 赵华林.高质量发展的关键：创新驱动、绿色发展和民生福祉 [J].中国环境管理，2018，10（4）：5-9.

[91] 赵英才，张纯洪，刘海英.转轨以来中国经济增长质量的综合评价研究 [J].吉林大学社会科学学报，2006（3）：27-35.

[92] 郑耀群，葛星.中国经济高质量发展水平的测度及其空间非均衡分析 [J].统计与决策，2020，36（24）：84-88.

[93] 中国宏观经济研究院经济研究所课题组，孙学工，郭春丽，李清彬.科学把握经济高质量发展的内涵、特点和路径 [J].山东干部函授大学学报（理论学习），2019（10）：44.

[94] 周振华.经济高质量发展的新型结构 [J].上海经济研究，2018（9）：31-34.